*clave*

**Brian Tracy** es el presidente de Brian Tracy International, una compañía de desarrollo de recursos humanos con sede en Solana Beach, California. Ha escrito 70 libros y desarrollado más de 800 programas de entrenamiento en audio y vídeo. Sus materiales han sido traducidos a 40 idiomas y utilizados en 64 países.

Brian ha sido consultor de más de 1.000 empresas y es uno de los mejores conferenciantes e instructores del mundo. Imparte cursos a más de 250.000 personas cada año sobre temas de liderazgo, estrategia, ventas, desarrollo personal y éxito empresarial. Ha dado más de 5.000 conferencias y seminarios a 5 millones de personas alrededor del mundo, brindando una mezcla única de humor, perspicacia, información e inspiración. Ha publicado, entre otros, *Si lo crees, lo creas*, junto con la psicoterapeuta Christina Stein; *Habla menos, actúa más*; *Conecta con los demás*; *Conecta con el dinero*; *Multiplica tu dinero*; *Emprende tu propio negocio*, y *El plan Fénix*.

Para más información, visita la página web del autor: www.briantracy.com

También puedes seguir a Brian Tracy en sus redes sociales:
🅕 Brian Tracy
🅧 @BrianTracy
🅞 @thebriantracy
▶ Brian Tracy

# BRIAN TRACY
DAN STRUTZEL

## Conecta con la motivación
La ciencia de hacer realidad tus sueños

Traducción de
Marta Escartín

DEBOLS!LLO

Papel certificado por el Forest Stewardship Council®

Título original: *The Science of Motivation. Strategies and Techniques for Turning Dreams into Destiny*

Primera edición: febrero de 2025

Edición original en inglés publicada por G&D Media
© 2020, Brian Tracy
© 2022, Penguin Random House Grupo Editorial, S. A. de C. V.
Blvd. Miguel de Cervantes Saavedra núm. 301, 1er piso,
colonia Granada, alcaldía Miguel Hidalgo, C. P. 11520,
Ciudad de México
© 2025, Penguin Random House Grupo Editorial, S.A.U.
Travessera de Gràcia, 47-49. 08021 Barcelona
© 2022, Marta Escartín, por la traducción
Diseño de la cubierta: Penguin Random House / Amalia Ángeles

Penguin Random House Grupo Editorial apoya la protección de la propiedad intelectual. La propiedad intelectual estimula la creatividad, defiende la diversidad en el ámbito de las ideas y el conocimiento, promueve la libre expresión y favorece una cultura viva. Gracias por comprar una edición autorizada de este libro y por respetar las leyes de propiedad intelectual al no reproducir ni distribuir ninguna parte de esta obra por ningún medio sin permiso. Al hacerlo está respaldando a los autores y permitiendo que PRHGE continúe publicando libros para todos los lectores. De conformidad con lo dispuesto en el artículo 67.3 del Real Decreto Ley 24/2021, de 2 de noviembre, PRHGE se reserva expresamente los derechos de reproducción y de uso de esta obra y de todos sus elementos mediante medios de lectura mecánica y otros medios adecuados a tal fin. Diríjase a CEDRO (Centro Español de Derechos Reprográficos, http://www.cedro.org) si necesita reproducir algún fragmento de esta obra.

*Printed in Spain* – Impreso en España

ISBN: 978-84-663-7952-6
Depósito legal: B-21.269-2024

Impreso en Novoprint
Sant Andreu de la Barca (Barcelona)

P379526

# Índice

**Prólogo.** La serie de conversaciones dinámicas . . . . . . . . . . . . . . . .   9

Capítulo 1. ¿Por qué es tan importante la motivación? . . . .  11

Capítulo 2. Los mitos sobre la motivación y las verdades
que te harán libre . . . . . . . . . . . . . . . . . . . . . . . . . . . . . . . . . . . .  39

Capítulo 3. El poder de las creencias: cómo activar tu
mecanismo de actuación . . . . . . . . . . . . . . . . . . . . . . . . . . . . .  65

Capítulo 4. El problema con los objetivos: cómo lograr
pasar de ponerse objetivos a cumplirlos . . . . . . . . . . . . . . . . .  89

Capítulo 5. El poder de la acción correcta y la flexibilidad:
por qué "sólo hazlo" no es suficiente en la actualidad . . . . . . 113

Capítulo 6. Cómo mantener la motivación, primera parte:
el poder de las tareas personales diarias . . . . . . . . . . . . . . . . . 139

Capítulo 7. Cómo mantener la motivación, segunda parte:
tener una perspectiva a largo plazo . . . . . . . . . . . . . . . . . . . . . 161

Capítulo 8. Cómo mantener la motivación, tercera parte:
las claves para ser resiliente cuando la vida se complica . . . . 193

Capítulo 9. Cómo motivar a los demás: los secretos
del liderazgo de servicio ............................... 221
Capítulo 10. Más allá de la motivación: el poder de los rituales
para vivir una vida extraordinaria...................... 245

# Prólogo

## La serie de conversaciones dinámicas

Brian Tracy es uno de los máximos exponentes del mundo de los negocios y el éxito personal. Ha dado más de cinco mil charlas y seminarios a más de cinco millones de personas y es mentor empresarial de los mayores líderes de las industrias más importantes del mundo.

Dan Strutzel cuentao con 25 años de experiencia en el sector del desarrollo personal, y ha publicado algunos de los audiolibros y pódcast con más éxito de la historia en torno a este tema. Ha trabajado de cerca y personalmente con la mayoría de los autores y oradores más relevantes, dedicados al crecimiento individual.

Dan quedó entusiasmado cuando Brian accedió a reunirse con él para hablar sobre su seminario *La ciencia de la motivación*. Se reunieron durante un fin de semana largo, durante el cual ambos pensadores pudieron explorar este tema profusa y profundamente. Estas entrevistas tan exhaustivas fueron transcritas y se les presentan a continuación. Esperamos que las disfrutes y les saques provecho.

# Capítulo 1

## ¿Por qué es tan importante la motivación?

### DAN

El famosísimo analista y entrenador de futbol americano universitario Lou Holtz dijo una vez: "Cuando todo está dicho y hecho, hay más dicho que hecho". Estas sencillas, pero extremadamente profundas palabras, explican uno de los mayores dilemas a los que se enfrenta hoy en día el ser humano. Muchos de nosotros decimos que queremos tener éxito, ser felices e influyentes. Aun así, muy pocos acompañamos lo que decimos con acciones específicas que nos lleven directamente hacia esos objetivos.

La idea de tener éxito es un sueño atractivo que nos llena de emociones positivas, mientras que las acciones necesarias para tener éxito en el trabajo, en nuestras relaciones o en los deportes a menudo son difíciles y prolongadas. El deseo de ser verdaderamente feliz es una meta universal a la que aspira casi cualquier ser humano, pero las acciones necesarias para lograr la alegría profunda y prolongada —algunos la llaman simplemente felicidad— suelen exigirnos retrasar la gratificación temporal y evitar las soluciones pasajeras a los problemas.

Decir que queremos lograr un nivel de influencia, bien como líder de los demás en el lugar de trabajo, como un miembro influyente de la comunidad o como un padre o cónyuge admirado, es mucho más fácil que las devastadoras decisiones, la gran cantidad de tiempo personal y honestidad brutal que se necesitan para lograrlo. Esa brecha que existe entre lo que decimos que queremos y lo que debemos hacer para lograrlo puede parecer a menudo tan grande, lejana y misteriosa como un agujero negro. Es la diferencia entre aquellos que pueden convertir sus sueños en su destino y los que no.

¿Qué tenemos que hacer para cerrar esta brecha entre lo que decimos que queremos y lo que debemos hacer para lograrlo? Necesitamos motivación orientada hacia los objetivos. Este tipo específico de motivación es el combustible que nos lleva por el largo y muchas veces incierto puente hacia nuestro destino deseado en la vida. ¿Qué significaría para ti aprender a desarrollar este tipo de motivación a tu voluntad, mantenerla durante los periodos difíciles de la vida e infiltrarla tan profundamente en tu vida diaria de forma que la misma idea de motivación se vuelva innecesaria?

Todo eso y mucho más está disponible en este libro, vanguardista y lleno de novedades, *Conecta con la motivación. Estrategias y técnicas para que tus sueños se conviertan en tu destino*, del experto en desarrollo personal y maestro de la motivación Brian Tracy.

Aquí descubrirás que la típica idea de la motivación como algo que va y viene, a menudo fuera de tu control, como un globo que se está llenando de aire del exterior, está totalmente equivocada. La motivación se ha estudiado, al igual que los métodos y estrategias necesarios para replicarla. En verdad existe una ciencia de la motivación y, del mismo modo que ocurre con cualquier otro tema que se haya estudiado y probado científicamente, si pones en práctica sus causas en tu vida, acabarás produciendo los efectos y avanzarás hacia los resultados que deseas.

Una vez aclarados los numerosos mitos que existen sobre la motivación, Brian te presentará esta novedosa ciencia y hablará de ella. Si la aplicas de forma sistemática a tu vida, tus sueños se convertirán en tu destino.

En esta primera parte hablaremos de las razones por las que la motivación es tan importante. Existe la idea de que lo que se necesita para tener éxito en este mundo es talento, cerebro y educación. Se habla mucho sobre tener el tipo adecuado de educación (por ejemplo, la basada en ciencias, tecnología, ingeniería y matemáticas). Si es así, tendrás mucho éxito subiendo escalones en tu carrera. O si alguien consigue la puntuación adecuada en las pruebas de admisión a la universidad y tiene cerebro. O simplemente posee un gran talento, bien porque lo haya desarrollado como un prodigio o porque haya trabajado en él. Existe la idea de que todas estas cosas son suficientes para el éxito.

¿Qué piensas de eso y dónde entra la motivación?

## BRIAN

Mis comienzos fueron bastante humildes. No me gradué de la preparatoria y trabajaba de obrero. Mi primer trabajo fue de lavalozas en un hotelito. Durante mi crecimiento, desafortunadamente, no recibí ningún tipo de motivación, aparte de las amenazas y los castigos de mis padres y mi familia. Me decían que si no se consigue una buena educación, no se tiene éxito. Si no se obtiene una buena educación, no se llega a la universidad. No se consigue un buen trabajo, ni un buen matrimonio, y te la pasas mal. Esto se usa como amenaza para animar a las personas a ser mejores estudiantes.

Sin embargo, lo que a mí se me quedó es que si no lograba obtener una buena educación, entonces habría perdido el barco y lo único que podría hacer eran trabajos manuales. Y eso fue lo que hice; me ocupé como obrero, y mi único pensamiento era: "No me gradué de la preparatoria, así que sólo puedo buscar más trabajos manuales". Trabajé en aserraderos. Podaba la maleza con una motosierra. Trabajé en granjas, en ranchos. Me ocupé en fábricas. Trabajé en aserraderos apilando madera. Cavé zanjas. Todos éstos eran trabajos monótonos, con el salario mínimo, sueldo que era mucho menor que el actual.

Y seguía creyendo lo mismo. Cuando ya no pude encontrar más trabajos manuales debido a la economía, conseguí uno en ventas, donde mi salario provenía cien por ciento de las comisiones, trabajando de puerta en puerta. Trabajé en eso durante muchos meses. Después, hubo un punto de inflexión en mi vida. Nunca lo olvidaré.

Me di cuenta de que uno de los tipos de nuestra oficina que vendía el mismo producto que todos los demás ganaba 10 veces más que cualquiera de nosotros, y ni siquiera estaba desgastándose mucho. Yo me levantaba a las 6:00 de la mañana y empezaba a prepararme. Ya estaba en la calle tocando las puertas cuando los demás entraban a trabajar a las 8:00 o a las 8:30. Me pasaba todo el día tocando puertas de oficinas e industrias. Por las noches salía y tocaba en las puertas de departamentos y barrios residenciales. Puede que lograra una venta en todo el día.

Este tipo lograba cuatro o cinco ventas al día, y comenzaba a las 9:30 de la mañana. Dejaba de trabajar a las cuatro y media de la tarde, salía a comer e iba a clubes nocturnos. Siempre tenía mucho dinero, y sólo era tres o cuatro años mayor que yo. Era bastante normal. No parecía ningún genio. Sólo era un tipo agradable.

Un día le pregunté: "¿Por qué tienes mucho más éxito que yo?" Él me respondió: "Enséñame tu proceso de ventas y te haré algunos comentarios". Yo le dije: "No tengo ningún proceso de ventas". Y él me dijo: "Un proceso de ventas es como una receta o una fórmula para el éxito. Si no tienes, no vas a lograr preparar ningún plato ni obtener resultados". Me mostró su proceso de ventas. Era bastante sencillo: cuando conoces a un posible cliente, te limitas a hacerle preguntas.

En mi caso, cuando conocía a un posible cliente, le hablaba lo más rápido que podía para tratar de que se interesara en mi producto antes de que se cerrara en banda y me dijera: "Tengo que volver a trabajar. Déjemelo aquí y le echaré un vistazo". Él me dijo: "No, no, no. Tienes que separar a los posibles clientes de los dudosos. Tienes que hacerles preguntas para averiguar si en verdad pueden usar nuestro producto".

Comencé a hacer preguntas y a obtener mejores resultados. Volví a hablar con él y le dije: "¿Qué más se puede hacer?" Él me dijo: "¿Has leído algún libro sobre ventas?" ¿Libros sobre ventas? No tenía ni idea de que existiera algo así. Fui a la librería y comencé a comprar y a leer todos los libros de principio a fin, y también a subrayarlos.

Después me enteré de los audiolibros sobre ventas. En ese tiempo eran cintas, y comencé a escucharlas en cada minuto que tenía libre mientras caminaba. Entre llamada y llamada, escuchaba una cinta sobre ventas. Después, entraba a ver a alguien, la guardaba y recordaba lo que había aprendido en la cinta e intentaba ponerlo en práctica.

Después fui a mi primer curso sobre ventas. Ahí aprendí dos cosas. La primera, que todas las habilidades para alcanzar el éxito se pueden aprender. Puedes desarrollar cualquier habilidad que necesites para alcanzar cualquier meta que quieras establecerte. Antes de ese curso, yo pensaba que mi vida estaba prácticamente destinada a un resultado mediocre, porque todo lo que había hecho eran trabajos manuales y ser despedido. Dormía en la calle y en mi carro. Dormía en el piso en departamentos de amigos. De repente me di cuenta de que tu destino está en tus manos, de que puedes aprender cualquier habilidad que necesites aprender. Esto me motivó en su día y me sigue motivando en la actualidad.

Siempre que veo un tema que me interesa un poco, lo aprovecho. Actualmente, cuando me meto en Amazon, encuentro los libros mejor valorados sobre el tema o los libros recomendados. Los compro y los leo de principio a fin, mientras voy subrayándolos. Después, como soy maestro, orador y presentador, comienzo a incorporar esas ideas en mis cursos. Mi público se acerca a mí y me dice: "Oye, nunca había pensado en eso antes, es una idea increíble".

Uno de mis clientes en Estocolmo me contactó un año después. Me dijo: "Esa idea en tu seminario sobre negocios nos permitió aumentar nuestro negocio 15 veces en los últimos 12 meses en un mercado muy competitivo. Simplemente cambiamos todo el enfoque de nuestra empresa, como nos recomendaste, para conseguir cada vez más referencias de clientes satisfechos. Para ello tuvimos que revisar cada detalle de nuestra empresa, cada actividad, para asegurarnos de que todos los clientes estaban extremadamente felices, tanto que traerían consigo a sus amigos. Después de años en el negocio, lo hicimos crecer 15 veces. Estamos arrasando con esa simple idea de tu curso. Pagué 500 dólares por él, y nos ha rendido millones".

Se han llevado a cabo numerosos estudios en Harvard y otras universidades sobre la inteligencia natural, las calificaciones sobresalientes y todo eso. Ninguno de esos aspectos tiene una relación directa con el éxito. Hay personas que llegaron a Estados Unidos sin títulos, sin saber el idioma, sin dinero, sin nada... y hoy en día son millonarios. Hay personas provenientes de familias adineradas que están manejando taxis. Hay personas que crecieron en granjas y ahora son dueños de su propia empresa multinacional. No existe una relación directa en absoluto entre educación, habilidades, familia o ni siquiera la suerte. Todo viene determinado por la persona en sí. Entre todas las capacidades de una persona se encuentra la de lograr cosas extraordinarias. Sólo tienen que aprender a hacerlo.

## DAN

Brian, para seguir profundizando en eso, ¿dirías que, paradójicamente, si tienes todo el talento del mundo, te ven como un prodigio o que fuiste a la mejor escuela, eso podría servir para que desaparezca esa motivación clave que podría inspirar a alguien que no ha gozado de todo eso?

# BRIAN

Es como cuando provienes de una familia en la que no se habla ni se piensa en la nutrición y el ejercicio: acabarás alimentándote mal. Cuando nuestros hijos eran pequeños, nunca teníamos Coca-Cola ni refrescos en casa, y hacíamos ejercicio continuamente. Teníamos equipo para ejercitarnos. Dábamos paseos. Nadábamos. Leíamos constantemente. Nuestros hijos ven esto como la norma: se lee mucho, se hace mucho ejercicio y se come bien. No tuvimos que darles lecciones; simplemente no les dimos ninguna alternativa. Sus amigos comenzaron a engordar por beber Coca-Cola y comer dulces, pasteles y todo lo demás.

Tu entorno inicial es extremadamente importante, pero no determina tu futuro. Puedes dejarlo de lado.

Algo que aprendí y que ha transformado mi forma de pensar es la centralidad de lo que se denomina *autoconcepto*. Este término se utiliza para denotar la forma en la que uno piensa de sí mismo, se siente consigo mismo, cómo se ve a sí mismo. Por fuera, uno siempre actúa de forma coherente con la persona que cree ser por dentro. El punto de partida de cualquier cambio en la forma de actuar es el cambio del autoconcepto, para así darse cuenta de que uno puede hacer muchísimo más de lo que ha hecho hasta ese momento.

Mi amigo Denis Waitley dice esta frase maravillosa: "Tenemos más potencial del que podríamos usar en cien vidas". Recuerdo que cuando tenía 21 años, y estaba luchando por sobrevivir, me encontré un libro del psicólogo Abraham Maslow, y lo leí de principio a fin. Básicamente dice que el ser humano promedio tiene un potencial extraordinario. No usamos el 10%

de nuestro potencial, como se suele decir. Más bien usamos el 2% de nuestro potencial.

Nuestra capacidad es extraordinaria y, como dice Denis, podríamos agotarlo en cien vidas. ¿Cómo sacar ese potencial? Simplemente hay que profundizar aprendiendo y practicando habilidades nuevas.

El autoconcepto se crea en un principio por la manera en la que nos tratan nuestros padres. Siempre que te encuentres con un adulto infeliz, hay detrás una infancia desdichada. Siempre que te encuentres con un adulto disfuncional, hay detrás una infancia disfuncional. Alexander Pope, el poeta inglés, dijo lo siguiente: "Tal y como se dobla la rama, el árbol se inclina", lo que quiere decir que, cuando eres una rama, cuando eres joven, si se te inclina hacia la negatividad, cuando crezcas serás cada vez más negativo. Lo que determina tus éxitos es, más que cualquier otra influencia, la forma en la que piensas sobre ti mismo y tus posibilidades.

Sin embargo, llega un momento en el que es tu turno de manejar. Te pones tras el volante de tu carro y puedes decidir hacia dónde vas a ir mentalmente. Tú eliges los pensamientos que vas a tener, e incluso cómo los vas a pensar, y cómo vas a interpretar las cosas. Nada de lo que ocurrió en tu pasado puede tener influencia en ti salvo la que le permitas tener.

La obra de Martin Seligman tuvo un profundo efecto en mi forma de pensar. Descubrió que el optimismo es el indicador más importante del éxito y la felicidad en la vida. El optimismo puede medirse con una sencilla prueba, y después puede volver a medirse las veces que sea necesario para determinar si te estás volviendo cada vez más optimista.

Tengo tres preguntas que hacemos a veces al inicio de mis seminarios especiales. Las preguntas son sencillas, pero las usan las consultoras más importantes de los Estados Unidos que trabajan con altos ejecutivos para hacerse una idea de lo que pasa por sus mentes.

La primera es ésta: termina la frase "yo soy". ¿Qué palabras te vienen a la mente cuando dices yo soy? Porque eso describe la imagen que tienes de ti mismo, tu autoconcepto, la valoración que tienes de ti mismo y muchas características más.

Algunas personas se describen a sí mismas de la siguiente forma: "Soy una persona feliz, un buen padre o una buena madre, un excelente trabajador con un tremendo e ilimitado potencial". Ése es un buen autoconcepto, porque te dará la energía y la fuerza necesarias para superar casi cualquier adversidad. Otras dirán palabras negativas. "Soy una persona normal y sólo tengo problemas y dificultades, y sigo aguantando, creyendo que las cosas mejorarán." Dos formas distintas de ver la vida... y todo el mundo tiene una forma de ver la vida.

La segunda pregunta que hacemos es "describe a las personas". Los mejores dicen: "Las personas son interesantes. Las personas son increíbles. Las personas son muy distintas. Las personas son fascinantes". Hablan de éstas en términos muy positivos. Las que llevan pancartas y se amotinan en las calles dirán: "Las personas no son buenas. Siempre tratan de aprovecharse de ti. Son delincuentes". Tienen una visión negativa de quienes los rodean.

La tercera pregunta que hacemos es "¿qué es la vida?" Descubrirás que la mayoría de nuestros problemas sociales provienen del 80% inferior (aquellas personas que creen que la vida es opresiva e injusta y que hay una desigualdad abusiva en el reparto de los ingresos). Hablan del 1% frente al 99% y dicen que la vida está llena de gente que se aprovecha de uno.

Pero todas las personas exitosas de mis programas dicen: "La vida es maravillosa. Es una gran aventura. Sin duda es mejor que la alternativa. Cada vez se pone mejor. Tú la controlas". Esas formas de ver el mundo determinan la dirección en la que va a ir tu vida.

Esto es lo maravilloso. En cualquier momento de tu vida puedes decidir cambiar de dirección, del mismo modo que puedes girar bruscamente el volante de tu carro y tomar un camino distinto. Todos los cambios importantes en la vida de una persona llegan cuando su mente choca con una idea nueva. Esta idea nueva es que puedes hacer todo lo que te propongas.

Recuerdo que una vez escuché a una multimillonaria muy exitosa. Su fortuna ascendía a más de 100 millones de dólares, una mujer que encuentra, desarrolla y comercializa al por menor productos en empresas; estuvo en *Shark Tank*. Se le preguntó por su filosofía. Dijo: "Mis padres siempre me decían que podía hacer todo lo que me propusiera, que no había límites en lo que podía lograr. Crecí creyendo eso, y resultó ser cierto".

# DAN

Eso es genial. Me encanta. Pero hay otro aspecto: la sociedad y, en particular, los medios de comunicación suelen servir para desmotivarnos. Trabajan con la hipótesis de que las malas noticias y las crisis venden. Incluso fuera de los medios de comunicación, entre nuestro grupo de colegas, hay gente que tratará de destrozarnos cuando tratemos de tener éxito, de hacer algo original, extraordinario. Nos dirán: "¿Qué estás tratando de hacer? ¿Para qué vas a arriesgarlo todo?"

Parece haber un aspecto de nuestra sociedad que está divulgando los mensajes equivocados, que sirven para que la gente regrese a la vida promedio. Háblanos sobre ese impacto, y por qué es tan importante que creemos un entorno para motivarnos a nosotros mismos.

## BRIAN

En mis programas anteriores hablé del poder de la sugestión y el poder de las influencias sugestivas que nos rodean. Está claro que las personas más cercanas son las que tienen el mayor poder de sugestión o influencia: la familia, los hijos, etcétera. Después, están los colegas y el jefe en el trabajo y, si se va más allá, la sociedad. Algo que yo aconsejaría es el control del entorno sugestivo. Es casi como la alberca emocional y mental en la que se nada.

La gente rica ve una media de una hora de televisión al día, más o menos, y suele ser programas grabados o muy bien seleccionados. Los pobres ven de cinco a siete horas de televisión, y ven cualquier programa. Y como dijiste, si sangra, manda. En los nuevos negocios, lo que realmente consigue seguidores —lo que permite vender publicidad— es el drama.

Podemos fijarnos en el ejemplo de un candidato presidencial que tiene presencia masiva en las noticias todos los días, porque no para de hacer comentarios totalmente escandalosos, y eso da mucha prensa. Aparece y siempre está disponible para cualquier entrevista en la radio, la televisión, los periódicos… mucho más que cualquiera de los demás candidatos, y por eso tiene demasiada presencia. Se sube al escenario y hace comentarios incendiarios. La gente lo ve y los medios venden la publicidad.

Las personas se ven muy influenciadas por sus entornos, por las noticias, por lo que sucede a su alrededor. Si no tienes una conciencia de ti mismo bien definida, un centro bien definido, puedes resultar fácilmente influenciable por todas las cosas negativas que oigas.

Si se llega al fondo de la cuestión, seguimos viviendo en el mejor de los tiempos de toda la historia de la humanidad. Podemos vivir más. Podemos vivir mejor. Podemos vivir con más salud. Tenemos más opciones. Es verdad que tenemos muchos problemas, pero una de mis mejores reglas —y leo lo mismo una y otra vez en boca de otras personas exitosas— es que nunca hay que preocuparse de situaciones por las que no se puede hacer nada. No se pueden cambiar muchas de las partes negativas de nuestra sociedad. Todo lo que podemos hacer es cambiar nosotros mismos. Albert Jay Nock, uno de los mayores pensadores del último siglo, dijo: "Cada uno se mejora a sí mismo. La mayor empresa en la vida es presentar a la sociedad una unidad mejorada, uno mismo, y si uno se hace mejor por esa misma acción, se eleva el promedio de toda la sociedad, y eso está completamente bajo tu control". ¡Qué gran influencia orientadora! Cuanto mejor te vuelves en lo que haces, mejor trabajo haces, mejor tratas a otras personas, más aumentas, con tu pequeña contribución, el promedio de toda la sociedad en la que vives.

# DAN

Concentrarse en la propia unidad individual; en muchos aspectos, ése es el mejor servicio que puede prestarse a la sociedad.

Conforme avancemos por la vida, sin importar lo bien que nos vayan las cosas, ésta nos va a lanzar desafíos que nos desviarán del camino. Una gran parte de la motivación es tomar una decisión antes de tiempo sobre cómo vamos a reaccionar ante determinados desafíos cuando se nos presenten, incluso aquello que no podamos anticipar. ¿Cómo se puede crear una mentalidad tal que no te depriman los desafíos? Fallece alguien que no esperabas o tu negocio se enfrenta a una gran adversidad. ¿Puedes programar la mente para que pueda superar esos obstáculos con mayor facilidad y seguir motivada?

# BRIAN

Hay que separar rápidamente aquello que está bajo tu control de lo que no lo está. No podemos controlar el virus del Zika, y no podemos controlar los actos terroristas en Bruselas ni París. Éstas son cosas contra las que no podemos hacer nada. No podemos controlar la muerte de un ser querido. Lo único que podemos controlar es a nosotros mismos. Podemos controlar nuestras emociones. Podemos dominar nuestros pensamientos.

Supongamos que estamos en una crisis empresarial. El mercado cae. Los competidores salen con algo que es dos veces mejor y está a la mitad de precio, algo que actualmente pasa demasiado a menudo.

Hay algo bajo tu control, hay algo por lo que puedes hacer algo más. Lo que haces es aceptar la responsabilidad.

Pasé cuatro mil horas estudiando las emociones positivas. Me topé con una obra que se inició en 1895. Me topé con este concepto. Decía que básicamente todo el mundo quiere ser feliz, como dijiste antes. Entonces, ¿por qué la gente no es feliz? Bueno, el obstáculo entre el lugar en el que te encuentras en la actualidad y tu felicidad siempre son las emociones negativas de algún tipo, un autoconcepto negativo, una idea negativa. Son emociones negativas.

Éstas se reducen a la ira, bien expresada interiormente —estás enojado contigo mismo, lo que te hace sentir inferior, inseguro y no muy feliz con tu vida— o exteriormente. Las expresas ante los demás. Explotas, criticas, condenas, desprecias a los demás. Sientes que estás oprimido, te manifiestas contra quienes tienen éxito, y todo eso. Estos sentimientos de ira siempre se reducen a una cosa. Se le llama culpa, la cual es la razón básica de todas las emociones negativas. Si dejas de culpar, las emociones negativas se detienen simultáneamente.

¿Cómo puedes dejar de hacerlo? Es muy sencillo. Simplemente aceptas la responsabilidad. La mente sólo puede tener un pensamiento a la vez, positivo o negativo. Si aceptas la responsabilidad diciendo las palabras mágicas "yo soy responsable, yo soy responsable, yo soy responsable", entonces detienes al instante todas las emociones negativas, porque no se puede aceptar la responsabilidad y ser negativo al mismo tiempo.

Si haces algo una y otra vez, desarrollas un hábito. Pronto adquieres el hábito de aceptar la responsabilidad de cualquier dificultad en tu vida —de las que habrá infinitas— y después de actuar y hacer lo que puedas. Si le ocurre algo a alguien en tu familia, la siguiente pregunta es: "¿Soy responsable de esto, lo otro o lo de más allá? ¿Qué acciones puedo llevar a cabo?" Y después, realizar dichas acciones.

Como sólo se puede tener un pensamiento a la vez, cuando llevas a cabo cualquier acción te olvidas inmediatamente de todas las emociones negativas. No puedes estar actuando y pensando negativamente al mismo tiempo. Por eso la mejor cura para las preocupaciones es la acción constante en dirección a tu objetivo. La mejor manera de eliminar cualquier sentimiento negativo es aceptar la responsabilidad, y después ocuparse en algo.

Theodore Roosevelt dijo una frase maravillosa: "Haz lo que puedas con lo que tengas, en el lugar donde estés". El único punto que tienes permitido controlar es el momento presente. Haz lo que puedas con lo que tengas, en el lugar donde te encuentres. Acepta la responsabilidad y actúa, y así las emociones positivas sustituirán a las negativas, porque la naturaleza detesta el vacío. Si logras liberarte de las emociones negativas, te vuelves una persona totalmente positiva. Si repites el proceso una y otra vez, muy pronto te convertirás en una persona feliz todo el tiempo. Sin emociones negativas. Sin enojos con nadie. Eso no significa que siempre estés de acuerdo o apruebes determinados comportamientos, pero no estás enojado.

Descubrirás que las personas que tienen control de sus propias emociones pueden estar en desacuerdo, pero no son desagradables. Ésa es la clave: aceptar la responsabilidad. Ése es el punto de inflexión para tomar el control total del desarrollo de tu propia personalidad, de la mejora de tu autoconcepto y del aumento de tu autoestima y confianza en ti mismo.

## DAN

Me llama la atención que hay productos, curas médicas, matrimonios exitosos, canciones o películas que básicamente nacen muertos. Nunca ven la luz debido a una falta de motivación. Hay personas que tienen un determinado nivel de creatividad y capacidad, pero nunca logran que vea la luz. Muchas veces la gente dirá: "Tuve esa idea hace muchos años". Como la idea de la ducha de masajes. Recuerdo que alguien me dijo hace años: "Yo tuve esa idea". Poco menos que querían llevarse el crédito por el hecho de que tuvieran la idea.

Hay muchísimos proyectos y obras de arte creativos y excelentes de un montón de personas en nuestra sociedad. Realmente, lo único que distingue a las personas exitosas es la motivación para hacerlo.

## BRIAN

Sí. Regresando a las experiencias de la infancia temprana, puedes crecer con una respuesta semiautomática a cualquier oportunidad. La primera respuesta de alguien que ha pasado por una infancia difícil —y la más desastrosa de las acciones que puede llevar a cabo el ser humano— es la crítica destructiva. Ésta desencadena ira y negatividad en el receptor. Yo la llamo cáncer mental.

Cuando este tipo de persona tiene una experiencia o una oportunidad, su primera reacción automática es "¿no sería estupendo?", y la segunda reacción es "pero no puedo. No puedo porque..." Esgrimen todos los viejos motivos. No tengo suficiente tiempo. No tengo suficiente dinero. No tengo la suficiente educación. Estoy demasiado cansado al final del día. Siguen poniendo excusas automáticamente. Extinguen la hoguera de la motivación incluso antes de que se prenda.

Éstas son las tres razones principales por las que la gente no logra sus objetivos. La primera es la zona de confort. Dicen: "No puedo porque estoy demasiado ocupado haciéndolo así". La zona de confort es el mayor enemigo del éxito en la actualidad. Las personas pueden llegar a luchar para meterse en una zona de confort, o pueden ir deslizándose gradualmente o sin saberlo en ella, pero después luchan desesperadamente para permanecer en donde están, aunque sepan que no es un buen lugar para quedarse.

Apple sacó el iPhone en 2006-2007, y tenía unas funciones increíbles que nunca habían estado antes en un celular. Los directivos de Nokia y BlackBerry dijeron: "Es una moda pasajera. Es para niños que quieren tener redes sociales y reproducciones, y conversar con sus amigos, tomar fotos y compartirlas, y todo eso". Simplemente lo ignoraron.

En BlackBerry recortaron su presupuesto en I+D ese año a la mitad porque, decían: "No necesitamos actualizar ni mejorar nuestros teléfonos: tenemos 49% del mercado mundial", y lo hicieron. Nokia tenía 50% del mercado mundial de los teléfonos celulares, y dijeron: "No necesitamos cambiar nada. A todo el mundo le encantan nuestros productos. ¿Por qué no iba a ser así? Somos la mayor compañía y la mejor del mundo". Cinco años después, ambas empresas desaparecieron porque no pudieron salirse de su zona de confort; no se dieron cuenta de que con una nueva tecnología como el iPhone, había cambiado el mundo de las comunicaciones en su totalidad.

Dicen que la persona promedio con un iPhone 6 tiene mil millones de veces más poder informático que las primeras computadoras juntas en 1947 —las que llamaban máquinas de Turing, por Alan Turing, de Inglaterra—. Una persona de la actualidad tiene una capacidad mil millones de veces mayor en su bolsillo. Podemos hacer cosas extraordinarias. Si nos fijamos en este rápido cambio, lo que podremos hacer dentro de cinco años con nuestros celulares va más allá de nuestra imaginación.

La zona de confort es la gran asesina. Tienes que preguntarte: "¿Me estoy reprimiendo al negarme a aceptar que el mundo está cambiando?" Y el mundo está cambiando. El 80% de todos los productos y servicios que usamos en la actualidad se quedarán obsoletos y desaparecerán del mercado en un plazo de cinco años y serán sustituidos por productos, servicios, personas y compañías totalmente nuevos. El 80% de los trabajos habrá cambiado drásticamente.

En Estados Unidos se pierden aproximadamente unos tres millones de trabajos al año, y se crean unos 3.2 millones en ese mismo periodo, así que hay un gran flujo y reflujo, como las mareas que suben y bajan. Tres millones de trabajos se vuelven obsoletos por los cambios en el mercado, en los gustos y todo lo demás. Afortunadamente, gracias al dinamismo de la economía estadounidense, se crea una media de 3.2 millones de trabajos. No sólo estamos sustituyendo los empleos que se han vuelto obsoletos, sino que hemos añadido unos 200 mil más. Ésa es la forma en la que suele crecer nuestra economía; así mantenemos bajos niveles de desempleo.

El segundo motivo por el que las personas no logran sus objetivos es por el miedo al fracaso. Un temor así se caracteriza por las palabras "no puedo. No puedo. Me gustaría hacerlo, pero no puedo, no puedo porque…" Las personas exitosas le dan la vuelta y dicen: "Puedo hacer todo lo que me proponga. Podría hacer esto. Podría hacer lo otro. Es sólo una nueva habilidad". Su idea general es: "Puedo hacerlo". La única pregunta es: "¿Cómo lo hago? ¿Dónde puedo aprender a hacerlo? Conseguiré un libro. Hablaré con alguien. Buscaré en internet". Nunca se les ocurre que no pueden hacer algo, y ésa es una transformación tremenda.

El tercer motivo principal por el que las personas no logran sus objetivos es que sienten que no saben cómo hacer el cambio. Se sienten ignorantes. "Claro que me gustaría comenzar un negocio, pero no sé cómo". Por eso reuní mis primeros trabajos con Nightingale-Conant. Elaboré un programa fabuloso llamado *Cómo iniciar, construir, gestionar o dar la vuelta a cualquier negocio*. Se convirtió en el programa más visto de este tipo sobre *startups* y crecimiento empresarial del mundo. Siguen pidiéndome que retransmita partes de dicho programa por todo el mundo.

La gente dice: "Quiero escribir un libro". El 82% de los adultos estadounidenses quieren escribir uno, pero no saben dónde empezar. Yo elaboré un programa, *Cómo escribir un libro y que te publiquen*. Cuando la gente lo toma, se quedan muy sorprendida. En un plazo de 90 días ya tiene un libro y un editor, y llevaba años soñando con eso. El motivo por el que la gente no actúa es porque no sabe cómo hacerlo.

Ésos son los tres motivos: la gente se acomoda demasiado, tiene un miedo natural que proviene de la crítica destructiva en la infancia y probablemente de fracasos anteriores y es ignorante. No sabe cómo hacerlo.

## DAN

Gran consejo. Hablemos de la idea de que la motivación es lo que realmente nos hace humanos y pone de manifiesto lo mejor de la capacidad humana. Nos preocupa que nos sustituyan las computadoras, pero éstas responden fundamentalmente a estímulos: reciben una entrada y responden de una determinada manera. Los animales son muy parecidos. Hay animales menos inteligentes, pero básicamente, en el caso de los animales, existe un estímulo y después una respuesta.

Los seres humanos son distintos. Como señaló Stephen Covey, se encuentran con un estímulo, después hay una respuesta, pero a mitad del camino está la libertad de elegir. ¿Puedes hablarnos un poco sobre esta idea de que si no usamos la motivación no estamos aprovechando ese gran don humano que nos separa de las computadoras y los animales?

## BRIAN

En realidad, tiene lugar en la forma en la que uno responde o reacciona. Hay un momento en el que puedes pensar. Como nos dicen las madres, párate y piensa antes de actuar. Párate y piensa antes de hablar. Los ricos lo hacen. Los pobres dicen todo lo que les viene a la mente. No debe decirse todo lo que uno piensa. No hay que soltarlo todo, así que mejor detente.

He descubierto que si estás a punto de decir algo y la otra persona te interrumpe, es la forma que tiene Dios de decirte que no hables. En lugar de tratar de hablar por encima de la otra persona o ganar la discusión, párate y piensa. La gente causa problemas al decir palabras sin pensarlas demasiado.

De hecho, el segundo motivo principal por el que la gente fracasa es porque hace las cosas sin reflexionarlas demasiado. Las personas exitosas se paran y piensan. A veces lo hacen durante mucho tiempo. Peter Drucker dijo una frase maravillosa: "Las decisiones rápidas que toma la gente son sistemáticamente decisiones erróneas". Dijo: "Siempre que se deba tomar una decisión de cara al futuro —lo que significa que va a durar mucho tiempo—, hay que pararse mucho tiempo a pensar. Tarda un día, tarda un fin de semana".

Hace un par de años se escribió un libro excelente sobre la toma de decisiones. La principal premisa del escritor era la siguiente: cuanto más tiempo puedas dejar pasar entre el estímulo y la respuesta, ésta será mejor y más eficaz. Cuanto más tiempo puedas dejar pasar entre la necesidad de tomar una decisión y tomar la decisión, ésta tendrá más calidad y será mejor. Por eso se dice que hay que consultarlo con la almohada, pensarlo durante el fin de semana. Si tienes que tomar cualquier decisión de cara al futuro, lo más inteligente que puedes hacer es decir: "Déjame pensarlo un par de días". Si alguien quiere pedirte dinero prestado o venderte algo, o te pide que renuncies a tu tiempo para hacer algo más, di: "Parece una buena idea, pero déjame pensarlo un tiempo".

Los mayores errores que he cometido sucedieron cuando respondí demasiado rápido sin pensármelo dos veces. Más tarde descubrí que había cometido un error terrible. Dije: "Seré tonto. ¿Por qué no me detuve un poco a pensar sobre eso? ¿Por qué respondí tan precipitadamente?"

Hace muchos años tuve un mentor que me influyó mucho. Me regaló un hermoso libro antiguo, de los años veinte, titulado *Take Time Out for Mental Digestion* (*Haz una pausa para la digestión mental*). El libro explica que se necesitan 72 horas para incorporar una idea nueva en tu forma de pensar.

Siempre que tengas una idea o una oportunidad nuevas, tómate 72 horas (ésa es la regla básica) para pensar sobre ella y darle vueltas en la cabeza. Revísala desde distintos aspectos antes de tomar una decisión final.

Al haber trabajado como asesor personal de personas extremadamente ricas, gente con cientos de millones y miles de millones de dólares, descubrí que se toman mucho tiempo para tomar decisiones. Investigan mucho. Reflexionan mucho. Lo comentan con otras personas inteligentes. Piden más información. En consecuencia, cuando toman la decisión, ésta es muchísimo mejor que si hubieran reaccionado inmediatamente.

Las personas más exitosas son más reflexivas que aquellas que no tienen éxito. No es que sean más listas, simplemente se toman más tiempo y reúnen más información. Utilizan el punto medio del modelo de Covey. Son libres de elegir el momento y la respuesta. Usan ese momento y lo hacen ampliamente.

Drucker solía decir que cuando se vaya a contratar a alguien, hay que tomarse una semana, un mes, pasar algo de tiempo con ellos, pero ir muy despacio, sobre todo si se va a empezar un negocio o si se dirige un negocio de rápido crecimiento. Hay que tener mucho cuidado, porque si se contrata a la persona equivocada, las complicaciones, los costos y las pérdidas pueden ser tremendos en los pequeños negocios, como ya les ha pasado a muchos pequeños empresarios: "Si lo hubiera pensado un poco más, nunca habría contratado a esa persona".

Así es como se trabaja. Hay que tomarse el tiempo necesario, sentarse y apagar la radio y la música. Hay que apagar la computadora y el teléfono y sentarse tranquilamente a pensar sobre las decisiones importantes. Es uno de los mayores descubrimientos para el éxito.

## DAN

Excelente. Me gusta esa regla de las 72 horas de la que hablaste, porque eso te da un buen equilibrio entre tomarse el tiempo para pensar y la reflexión excesiva, es decir, pensar de más para evitar tomar una decisión. Ése parece un buen equilibrio con el cual asegurarse de que se está usando ese tiempo para meditar sobre el asunto en su totalidad, pero también acabar con un planteamiento decisivo sin quedarse sentado pensando por la eternidad.

Brian, a veces, cuando surge algo nuevo, puede sacarnos de nuestra zona de confort. Hay que tomar una decisión, pero cuando piensan en ello se les ocurren excusas para quedarse como están. ¿Cómo usar ese tiempo de decisión para pensar en algo y asegurarse de que nos estamos desafiando a nosotros mismos en lugar de usar ese tiempo de reflexión para dar marcha atrás?

## BRIAN

Una pregunta que le hago a mi público es: "¿A cuántas personas de las aquí presentes les gustaría doblar sus ingresos?" Obviamente, todo el mundo alza la mano. Yo les digo, bueno, "eso está bien, porque van a doblar sus ingresos. Desde mi rol de economista, puedo garantizarles que todo el mundo en esta sala doblará sus ingresos si vive lo suficiente, porque si sus ingresos suben a un promedio de 3% al año usando el interés compuesto, doblarán sus ingresos en 22 años. ¿Era eso lo que estaban pensando?" Todo el mundo dice: "No, no".

Así que quieren doblar sus ingresos mucho más rápido. Está bien. Bueno, ahí les va un interesante descubrimiento. Si aumentan sus ingresos a un ritmo de 25% al año, con el interés compuesto, doblarán sus ingresos en tres años. Si siguen aumentando sus ingresos a un ritmo de 25% al año durante 10 años, aumentarán 10 veces sus ingresos; hablaremos de eso después. Se trata de establecer rituales específicos todos los días.

Y digo: "¿Cómo se aumentan los ingresos 25% al año? Bueno, pues los aumentas 2% al mes, o un 0.5% a la semana. Si te vuelves 0.5% más productivo cada semana, 2% al mes, entonces el efecto compuesto garantizará que lo dobles una y otra vez. Te volverás una de las personas mejor pagadas de nuestra sociedad, independientemente de tus orígenes, calificaciones, amigos, contactos o el estado de la economía. ¿Es eso posible?" Todo el mundo responde: "Claro que es posible". Y yo digo: "Entonces den el primer paso".

La gestión del tiempo es muy sencilla. Hay que planear cada día con antelación. Tienes que decidir cuál es tu tarea más importante. Empiezas con esa tarea, y la terminas antes de pasar a la número dos. Escribí un libro sobre esto; se trata del libro más vendido sobre gestión del tiempo de la historia, seis millones de copias vendidas en 42 idiomas. Enseña todos los aspectos de la gestión del tiempo, pero lo reduce a la elección de la tarea más importante. Comienza por esa primera tarea y sigue con ella hasta que la termines. Si lo haces, doblarás tu productividad la siguiente semana, no en tres años, y tus ingresos enseguida se pondrán a la par del aumento de tu productividad.

La gente dice: "Claro. Podría hacer eso". Sí. La manera de tener éxito es ir paso a paso. No tienes que transformar tu vida. Me preguntas ¿cómo sacar a la gente de su zona de confort? Warren Bennis escribió un *bestseller* titulado *Líderes*. Estudiaron a 93 líderes en un periodo de cinco años. Eran personas muy importantes: presidentes de universidades, de las mejores corporaciones, el director de una orquesta filarmónica. Los investigadores incluso vivieron en sus hogares para observarlos y hablar con ellos para averiguar de qué modo eran diferentes.

Una de las razones era que los líderes siempre eran conscientes al entrar en una zona de confort. Se mantenían alejados de la zona de confort porque establecían unos objetivos tan grandes para sí mismos que les resultaba imposible lograrlos con su nivel de actividad actual. Tenían que salirse de su zona de confort para alcanzar esos enormes objetivos, superiores, valientes y atractivos. Todos lo hacían.

Por eso yo le digo a mi público: "Si quieren doblar sus ingresos, les daré muchas formas de hacerlo, formas empleadas por las personas más productivas. Si las llevan a cabo, saldrán drásticamente de su zona de confort. Verán resultados en una semana desde que empiecen a aplicar estas técnicas". Lo que motiva a la gente son los resultados.

Daniel Pink escribió un libro excelente titulado *La sorprendente verdad sobre qué nos motiva*. El texto era un análisis vanguardista de lo que inspira a las personas. La respuesta era, tal como hemos hablado tú y yo, el movimiento hacia delante, el progreso, la sensación de estar volviéndose mejor en el trabajo.

Se progresa en la profesión. Se gana más dinero. Se logran más objetivos. Se hacen más de las cosas que se quieren hacer. Esta sensación de movimiento hacia delante es el mejor motivador de todos, y está totalmente bajo el control del individuo.

## DAN

Espectacular. ¿Hay alguna idea final que quieras comentar a la gente sobre los motivos por los que la motivación es tan importante para el éxito de la gente?

## BRIAN

Siempre digo que la motivación necesita un motivo. Hablaremos de ello después. Una de las razones más importantes por las que las personas no están motivadas es que no tienen un motivo. No tienen un porqué. No tienen objetivos. No tienen algo grande que quieran lograr. Si eso sucede, si sí se cruzan con algo que los emociona realmente, se sentirán motivadas al instante y de repente. Se levantarán temprano de la cama por las mañanas. Se dedicarán a ello todo el día. Estarán ocupadas por las tardes. Se impacientarán con la charla banal, porque ya tendrán un motivo. Ya tendrán algo grande que querrán lograr.

Hay un *bestseller* titulado *Empieza con el porqué*, de Simon Sinek. ¿Por qué estás haciendo lo que estás haciendo? ¿Por qué te levantas por las mañanas? ¿Cuáles son tus valores? En cuanto tienes eso, dices: "Quiero ganar más dinero para crear una vida mejor para mi familia, y así generar oportunidades para mis hijos y poder llevarlos a lugares y hacer cosas por ellos". Eso es lo que te saca de la cama por las mañanas. Pero cada persona es responsable de determinar su motivo, su porqué, su qué es lo que quiere lograr y, por supuesto, qué hará cuando lo haya logrado. Eso es lo que motiva a la gente.

# Capítulo 2

## Los mitos sobre la motivación y las verdades que te harán libre

### DAN

Brian, ahora quiero que hables acerca de algunos de los mitos más comunes sobre lo que hace falta para estar motivado. Mucha gente quiere obtener el resultado del que ya hablaste: estar motivada, tener algo que realmente la haga levantarse por las mañanas y la motive. Y aun así, ese tipo de sueño no suele hacerse realidad, porque mucha gente se envuelve en los mitos.

El primer mito es el de que la motivación puede provenir de fuerzas externas, como un orador motivacional, una mejoría en la economía, un aumento o un ascenso… algo así. ¿Por qué es eso un mito, y cuál es la verdad?

### BRIAN

Como dices, la motivación proviene de dentro, y necesita un motivo. Llevo años siendo orador motivacional. Creo que hay dos tipos: la motivación falsa y la motivación verdadera. La falsa es aquella en la que te cuentan un montón de historias entretenidas sobre cómo puedes hacer lo que sea y todo eso. Hay algunas personas muy exitosas que enseñan esto. Es un tipo de motivación que anima a sentirse bien, como ir a ver una gran película o a un concierto de rock, pero no tiene valor duradero. La gente se olvida del 80 o 90% de lo que escuchó, aunque se sintiera bien cuando lo oyó.

Yo siempre me he enfocado en la motivación verdadera. Este tipo de motivación, en mi opinión, proviene de un sentimiento de competencia mejorado. El orador te proporciona cosas determinadas que puedes hacer para ayudarte a lograr tus objetivos con mayor rapidez, y tener una vida mejor de forma inmediata. Eso es lo que motiva a la gente, porque cuando aprende nuevas habilidades o tiene nuevas ideas, dice: "Puedo hacer eso", bien sea para enseñar habilidades de ventas o desarrollo personal, gestión del tiempo o habilidades de establecimiento de objetivos, o para enseñar a la gente cómo armar un negocio exitoso. La gente piensa: "Puedo hacer eso. No es complicado. Eso es muy práctico, y puedo ver el resultado que puedo obtener".

Voy a contarte algo maravilloso sobre la motivación: la gente no está motivada a no ser que pueda crear una imagen mental, una emocionante imagen visual de sí misma haciendo realmente lo que está leyendo o escuchando a un orador. Puede verse a sí misma diciendo: "Puedo hacer eso. Puedo levantarme un poquito más temprano". Los ricos se levantan antes de las seis de la mañana. Los pobres se levantan a las siete de la mañana o más tarde… algo muy sencillo. Comienza a cambiar tus hábitos, incluso el de tu hora de levantarte. Hablaremos de esto después cuando comentemos los rituales de la gente exitosa y cómo convertirlos en hábitos.

Ya te hablé de mi mentor, el que me dio el libro *Take Time Out for Mental Digestion*. Él convirtió en hábito el hecho de levantarse antes de las seis de la mañana cada día. Su compañía tenía 52 filiales y 10 mil empleados, y él dirigía la fabricación en la ciudad. Había comenzado trabajando en el puesto más bajo, en el cuarto de correo de una gran compañía, y trabajó sin parar hasta ir ascendiendo.

Me dijo: "Siempre me levanto antes de las seis de la mañana. Si me acuesto tarde, me sigo obligando a levantarme antes de esa hora, y eso me enseña la gran lección de no acostarme tarde dos noches seguidas". En otras palabras, si te impones una disciplina muy sencilla sobre cuándo te vas a levantar, el resto de tu vida se repite casi como programa de Excel. Cambia todo lo que ocurre durante el resto del día.

Tu motivación proviene de tu interior, y puedes crearla. Y la forma de hacerlo es tener algo que te saque de la cama por las mañanas.

## DAN

Excelente. El segundo mito, en cierta forma, está siendo fomentado en la actualidad por la neurociencia. Esta disciplina ha llegado a sugerir que hay personas programadas para ser optimistas y otras que no. La motivación, o lo que algunas personas llaman optimismo, es algo con lo que naces: están las personas programadas para ser positivas y estar inspiradas y las que no.

¿Crees que esto es un mito? Y en el caso de quienes sienten que no cuentan con ese tipo de programación, ¿cómo pueden desarrollarla?

# BRIAN

Hay que remontarse a nuestra discusión sobre el autoconcepto. En las primeras experiencias formativas del individuo, ¿lo animaban, lo elogiaban, lo hacían sentirse valorado, importante e inteligente constantemente? En ese caso, crecerá y se sentirá muy motivado y positivo sobre sí mismo y su potencial.

Hay una cosa que he aprendido, y tiene que ver con que la autoestima esté en la base de tu autoconcepto, el cual está formado por tres aspectos. Al primero se le denomina tu *yo ideal*. Éste es la persona que querrías ser. Es tu persona fantaseada... en lo que se refiere a salud, riqueza, posición, influencia, matrimonio y todo lo demás. Este ideal puede estar claro, como en el caso de las personas exitosas, o borroso. Las personas sin éxito no tienen claro dónde les gustaría estar en el futuro, y son muy ambiguas al respecto.

Así que yo hago la siguiente pregunta: si pudieras agitar una varita mágica y hacer que tu vida fuera perfecta de aquí a tres años, ¿cómo sería? ¿Sería distinta a la de hoy? Y les dejo tiempo para que lo escriban: cuánto dinero ganarían, cómo luciría su casa, qué tipo de relación o matrimonio tendrían, cómo sería su salud y su forma física, cuánto dinero tendrían en el banco.

En cuanto la gente empieza a pensar en eso y a aclararse las ideas, la motivación aparece automáticamente. Así que la segunda parte de un autoconcepto, como el segundo pedazo de pastel, es la imagen personal. Consiste en cómo te ves a ti mismo, y controla tu comportamiento en cada momento. Siempre nos comportamos por fuera de forma acorde a la imagen que tenemos en nuestro interior. Hay un dicho sobre esto: la persona que ves es la persona en la que te convertirás. Tu imagen personal también está formada por tres aspectos: cómo te ves a ti mismo, cómo te ven los demás y cómo crees que los demás te ven.

Si crees que los demás te ven como una persona excelente, cuando vayas a una fiesta o te asocies con ellos, tú estarás feliz y ellos también. Ésa es la razón por la que, siempre que estás con tus amigos o tu familia, y todos te conocen, les caes bien, te aman y te respetan, estás feliz todo el tiempo. No tienes ningún problema en hablar en público en ese entorno. Tu discurso es improvisado, hablas y ríes, porque los demás refuerzan tu imagen personal como alguien agradable, atractivo e inteligente. Pero si tenemos una idea equivocada de cómo nos ven los demás, si pensamos que nos ven de manera negativa, eso afectará a nuestro comportamiento.

Así que tenemos la forma en la que te ve la gente y la forma en la que tú crees que te ven. Cuando un padre o una madre son cariñosos, afectuosos y entrañables y tratan a sus hijos como si fueran personas maravillosas, entonces la imagen personal del niño será: "Soy una persona maravillosa. Soy una buena persona. Soy una gran persona. Soy una persona feliz. Soy una persona exitosa".

Hace poco estuve en casa de mi hijo mayor. Ellos conocen todas estas ideas, y las ponen en práctica con sus dos hijas pequeñas. La menor tiene un año, y la mayor, tres. Las dos ríen todo el tiempo. Así es como se mide realmente la salud de la personalidad: cuánto se ríe la gente y cuánto se ríen juntos.

Sin embargo, existe una brecha entre tu imagen personal, la forma en la que te ves ahora y tu yo ideal, la manera en la que te gustaría ser en el futuro, y esta brecha determina la calidad de tu personalidad. Si sientes que hay una gran brecha entre el lugar en el que estás ahora y dónde podrías estar, te sientes desmotivado. Pierdes la esperanza.

Por eso la gente dice: "Quiero ser millonario". Muy bien, escribámoslo, hagamos un plan, armemos un programa. "Quiero ser millonario dentro de un año." ¿Cuánto dinero tienes ahora? "Estoy en la ruina." ¿Qué tipo de trabajo haces? "Estoy desempleado." ¿Cuánto dinero tienes en el banco? "Nada, tengo muchas deudas."

Si estableces el objetivo de ser millonario, el ideal, y lo comparas con tu situación actual, acabarás totalmente desmotivado. No te inspirará. Recibirás un par de contratiempos, te darás por vencido y te dirás a ti mismo que, de todos modos, no era tu destino.

El tercer pedazo del pastel es la autoestima. La mejor definición de esta característica es cuánto te gustas a ti mismo, cuánto te quieres, cuánto te valoras y te consideras una persona realmente importante y valiosa. Es el núcleo del reactor, el latido del corazón. Es el determinante esencial de la calidad de tu personalidad. Determina tu imagen personal. Conforme vas pasando de tu imagen actual hacia tu ideal de lo que quieres ser, tu autoestima crece. Te gustas más, te sientes bien contigo mismo y te sientes feliz y ríes a carcajadas. Te sientes exuberante.

No hay nada mejor que perseguir que el éxito. No se trata de las recompensas materiales. Es la satisfacción interior que sientes. La forma de aumentar tu autoestima es sencillamente repetir: "Me gusto. Me gusto. Me gusto".

El otro día vi un video de un joven con muchísimo éxito, y cuando se enteró de que el orador era un buen amigo mío, dijo: "Quiero enviarle un video". Así que lo sentó y durante siete minutos se limitó a soltar en el video lo mal que le había ido en la vida. Se dedicaba a las ventas. Vendía teléfonos celulares en un centro comercial. Hablaba con unas 50 personas y todas le decían que se fuera, que no les interesaba, que ni en broma. Estaba muy desesperado, y un día se compró uno de mis libros, titulado *Psicología de ventas*, y lo leyó. Dice que la forma en la que te sientes en tu interior va a determinar tu éxito en el exterior.

Al día siguiente, cuando fue a trabajar, se sentó en el carro y dijo: "Me gusto. Me gusto. Me gusto". La gente se le quedaba mirando, porque estaba hablando solo. Entró en el centro comercial. La primera persona con la que habló le dijo no, pero él le dijo: "Espere un momento. Es una opción excelente. Puede revolucionar su vida".

Se entusiasmó, porque había subido su autoestima y la confianza en sí mismo. Esa persona dijo: "¿En serio? Cuénteme más", e hizo su primera venta luego de muchos días hablando con la gente. Después, logró su segunda venta y más adelante la tercera. Poco después estaba rompiendo récords. Ascendió a supervisor, y después a gerente. Luego lo contrató una compañía más grande, y él dijo: "Eso de decir 'me gusto, me gusto, me gusto' transformó mi vida por completo".

Los dos pilares más potentes del templo mental son "me gusto" y "soy responsable". Me gusto. Soy responsable. Cuanto más te gustas a ti mismo, más responsabilidades aceptas. Cuantas más responsabilidades aceptas, más poderoso te sientes, y más te gustas a ti mismo. Hay una relación directa entre lo que te gustas a ti mismo y tu positivismo. Hay una relación directa entre la responsabilidad que aceptas, el control sobre tu vida, y tu felicidad en general. Cada aspecto refuerza al otro.

## DAN

Brian, estamos en medio de una elección presidencial. Esta idea de "soy responsable" es muy poderosa, y aun así muchísima gente considera que los políticos son los responsables de su futuro. Apuestan su futuro al tipo de trabajo que consiguen, o a los salarios que les van a pagar, por la promesa de algún político.

Háblanos de esa dinámica y muéstranos que, sin importar de qué lado de la balanza se encuentre la gente, depositar la responsabilidad en un político sólo va a ocasionarle más frustración y fracaso.

## BRIAN

Exacto. Escribí un libro hace unos años titulado *Something for Nothing* (*Algo a cambio de nada*). Basado en 40 años de investigaciones psicológicas y políticas, explicaba que el mínimo común denominador de las personas es que quieren algo gratis. Quieren éxito gratis. Quieren dinero gratis. Quieren cosas que no se han ganado y no se merecen.

En la actualidad, la política es básicamente un negocio para conseguir votos, y al igual que pasa en un mercado de consumidores, las compañías surgen para proporcionar el producto que éstos quieren. La gran mayoría de la gente quiere recibir más de lo que da. Quiere sacar más. Quiere tener cosas gratis. Quiere tener artículos con descuentos, y todo eso.

Hoy en día, en Estados Unidos, 47% de la población recibe más de lo que da, y eso le gusta. El dinero gratis vuelve loca a la gente. La amenaza de perder esta ventaja hace que la gente se vuelva loca. Sale a las calles, se amotina, grita y rompe ventanas cuando se dice que van a empezar a recortar el dinero gratis. Eso puede hacer que una marabunta de personas salga gritando a las calles.

El motivo es el siguiente: si hay una base de clientes para una filosofía determinada, como el dinero gratis, aparecerán políticos para representarlos. Les dirán: "Se merecen este dinero gratis", y les darán 100 razones para argumentarlo.

Existe una forma muy interesante de estructurar una charla. Se le llama "el villano, la víctima y el héroe". Steve Jobs usaba este método, al igual que otros oradores. Es un modo muy sencillo de diseñar una conversación. En primer lugar, hablas del villano. Son las personas exitosas, los millonarios y multimillonarios con todo su dinero. Son la razón por la que tú no estás ganando más dinero, por la que no recibes más dinero, ni disfrutas de más programas ni vives en una casa más grande.

Tú eres la víctima, o eso dicen ellos: "Aquí está la víctima, y yo soy el héroe. Te salvaré del villano. Todo lo que necesito es tu apoyo. Si me apoyas, te protegeré del villano, y me aseguraré de que consigas la mayor cantidad de dinero gratis posible".

En cualquier sociedad existen dos tipos de personas. Hay personas que creen en el trabajo duro, la oportunidad y la creación de riqueza. Se trata de armar negocios mediante la producción de artículos y servicios que la gente desea y necesita y por los que está feliz de pagar. Las personas acomodadas siempre reflexionan desde el punto de vista de la creación de riqueza. Siempre piensan desde el punto de vista de ganar más dinero satisfaciendo a más clientes. Ésta ha sido la base de la república de los Estados Unidos durante más de 200 años.

También hay muchas otras personas que no comprenden la conexión entre servir a la gente y ganar mucho dinero, y por eso dicen: "Me deberían dar más dinero". ¿Por qué? "Porque vivo en este país. Mucha gente en este país es más rica que yo, y a mí me debería tocar mi parte." Siempre saldrán políticos que dirán: "Déjame ser tu héroe. Vota por mí y te daré dinero y cosas gratis". Ese argumento les resulta muy atractivo a las personas. Saben que no está bien y que no es posible conseguir dinero que no te mereces. Es como un robo. Saben que está mal, pero son demasiado débiles, así que votan por el partido que dice: "Vota por mí y te daré todo gratis".

¿De dónde va a salir? De los millonarios y los multimillonarios. El hecho es que si se gravara el 100% de los ingresos de los estadounidenses más ricos, se podría hacer funcionar el gobierno federal durante 46 días. Después, el país estaría en bancarrota durante los siguientes 20 años, y no habría trabajo para nadie.

Así que esta idea de cobrar impuestos a los millonarios y multimillonarios implica que, en última instancia, habrá que cobrar impuestos a todo el mundo que tenga trabajo. Por eso dicen que el salario medio no ha subido durante muchos años. Éste sí ha subido, pero también han aumentado los impuestos y otras tasas, por lo que ahora es necesario que dos personas trabajen para llevar a casa lo que hace 20 años ganaba una persona trabajando, porque los impuestos son muy altos.

Hoy en día, si una esposa decide trabajar, sus impuestos serán de 50% o más, así que por cada dólar que gana, debido a la combinación de sus ingresos con los de su esposo, les quitarán 0.50 dólares de ese dólar adicional. Y además, habrá un montón de tasas y cuotas sociales y todo eso. ¿Qué harán con ese dinero?

Se usará para comprar más votos, para que puedan tener más poder, y así hacer lo mismo una y otra vez, y seguir con el juego.

Ése es el problema hoy en día. Hay gente que quiere crear una sociedad en Estados Unidos donde haya oportunidades, autonomía y trabajo duro, y donde se puedan comenzar y crear negocios y lograr cosas maravillosas gracias a la propia tenacidad, propósito y motivación. Otras personas preferirían que se los dieran todo. Los políticos representan a unos electores o a otros.

## DAN

Lo que estás diciendo es que sea cual sea el entorno político, y esté como esté la economía, sea que vivamos en época de recesión o de auge económico, si empleamos las ideas de las que estás hablando sobre motivación y orientación de objetivos, básicamente nos podemos librar de las personas que se preocupan de estas condiciones.

## BRIAN

El objetivo no es salir a tener un buen día, sino salir y convertirlo en un buen día. En la actualidad hay más oportunidades que nos rodean, porque se están inventando más productos y servicios y los deseos y necesidades de más clientes se ven insatisfechos, por lo que siempre hay algo que alguien puede hacer para aprovecharse de la situación de nuestro mercado. Pero para eso se necesita ambición. Se necesita trabajar duro. Se requiere perseverancia, tenacidad y recuperarse una y otra vez, y la gran mayoría de las personas simplemente no quieren hacer eso. Puede que sea por alguna experiencia en la infancia temprana, o simplemente no tienen el valor necesario.

*The New York Times* hizo un estudio al respecto y en la actualidad ya hay muchos libros sobre el tema. Básicamente dice que todos los estudios sobre psicología se reducen a la calidad del valor. Si una persona tiene valor, determinación y tenacidad, nadie la podrá parar. Comenzará y probará lo que sea, e intentará otra cosa, y otra más.

Una de mis historias favoritas es sobre Mike Todd, un gran empresario y productor de Nueva York. Estaba casado con Elizabeth Taylor. Ponía dinero para patrocinar obras. A veces funcionaban, a veces no. Un día puso todo su dinero en una obra y lo perdió todo, y el encabezado fue: "Mike Todd está arruinado".

Se le acercó un reportero y le preguntó: "Señor Todd, ¿qué siente al ser pobre?" Él respondió: "Disculpe, joven, yo no soy pobre; sólo estoy arruinado. Ser pobre es un estado mental; estar arruinado es una condición temporal, y volveré a ponerme en pie". Y así fue. Su siguiente espectáculo fue un gran éxito, y volvió a ser multimillonario y miembro de la alta sociedad.

Ése es uno de los mejores comentarios: estar arruinado es una condición temporal; ser pobre es un estado mental. Si eres pobre, sólo piensas en cómo puedes sacar dinero de otras personas. ¿Cómo puedo obtener más dinero del que merezco? ¿Cómo puedo vivir con mi situación? Y además, siempre apoyas a la gente que dice: "Apóyame y te conseguiré dinero y cosas gratis".

No es tanto que esto esté mal en el aspecto financiero o político, aunque lo está. Es que el dinero gratis destruye el alma de quien lo recibe. El dinero y el éxito que se ganan son el principio fundacional de la autoestima, de la autonomía, la responsabilidad personal, la felicidad, la alegría, la energía... Cuando uno se gana su éxito, se siente increíble.

Solía decirse que los ricos no son felices. Yo los he estudiado y puedo decirte que son muy felices, porque comenzaron con nada; 90% de todos los estadounidenses exitosos comenzaron de la nada, y lograron algo valioso tras 10, 20, 30 años de arduo trabajo. Ahora ya lo tienen: un buen hogar y un hermoso carro, una gran vida y todo lo demás.

La gente dice que fue porque tuvieron suerte. Pero hay que fijarse en su trayectoria. Comenzaron como yo, lavando platos. Se pusieron a trabajar en un barco para llegar aquí. Vivieron en barrios pobres durante semanas, meses y años mientras trabajaban para ir ascendiendo.

Andrew Grove, que falleció hace poco, era el presidente de Intel y uno de los mejores emprendedores de la historia estadounidense. Su nombre real era András Gróf, y era de Hungría. Cuando los rusos invadieron Hungría en 1956, huyó a Nueva York. Aprendió inglés, fue a la escuela y logró una licenciatura en Ingeniería. Después, se fue al oeste y obtuvo una licenciatura en Negocios, y comenzó desde abajo en una empresa en San Francisco. Antes de darse cuenta, era el presidente de Intel, el mayor fabricante de microchips y chips informáticos del mundo. Si alguna vez lo oíste hablar o has leído algo de lo que escribió, sabrás que era un gran hombre. Llegó aquí sin nada, un chico de 16 años huyendo de la revolución. La gente dice: "Seguro que tuvo suerte". Detrás de cada persona con suerte hay una historia de trabajo duro y numerosas fallas.

Hace poco hablé con alguien que decía eso, que las personas exitosas simplemente tuvieron suerte. Se tropezaron con el éxito.

Dieron en la diana. Yo le dije: "Eres un tipo inteligente. ¿Sabías que las personas exitosas fallan entre cinco y 10 veces más que los fracasados?" Y estalló contra mí. Me dijo: "Eso no es cierto. Las personas exitosas simplemente se cayeron dentro del bote de la mermelada. Simplemente se tropezaron con algo que resultó ser lo correcto". Yo le dije: "No, en términos estadísticos, las personas exitosas fracasan una y otra vez muchas más veces que una persona normal".

Les hicieron una entrevista en la radio a cuatro millonarios hechos a sí mismos hace unos años. Justo antes del corte, les preguntaron: "¿En cuántos negocios distintos estuviste antes de llegar al que te hizo ganar un millón de dólares?" Durante el corte comercial, hicieron sus cálculos. De regreso, resultó una media de 17 negocios. Habían fracasado, o medio fracasado, en 16 negocios. Fue el número 17, de media, el que los hizo ricos. Así que les preguntaron: "¿En verdad fracasaron en los primeros 16 negocios?" Y los cuatro respondieron: "No, ésas son las experiencias de aprendizaje más valiosas, si no, nunca habríamos tenido éxito en los negocios actuales".

## DAN

Eso es increíble, Brian. Además, nos lleva justo hasta el tercer mito, que dice que la motivación sólo puede surgir de circunstancias o acontecimientos positivos. Está claro que estar rodeado de una comunidad que te apoya, tener aportaciones positivas y todo eso es de gran ayuda. Pero como dijiste, con lo de Andy Grove cuando huyó de la revolución y comenzó en difíciles circunstancias, la decisión de motivarse uno mismo puede surgir de emociones o circunstancias tanto positivas como negativas.

Además, en programación neurolingüística (PNL) existe un concepto que dice que algunas personas se ven motivadas al acercarse a un resultado positivo, pero otras se ven motivadas al alejarse de un resultado negativo, y que en muchos sentidos es igual de impulsor. Háblanos de cómo se puede usar tanto lo positivo como lo negativo para motivarse.

## BRIAN

Empecemos con lo negativo; en psicología, uno de los principios fundacionales básicos es que siempre tratamos de esforzarnos para lograr de adultos lo que sentimos que más nos faltó de niños. Si sentimos que nos vimos privados de dinero, a menudo aspiraremos a obtenerlo, o nos veremos impulsados a hacerlo. Si sentimos que nos vimos privados de amor y apoyo, trataremos de conseguir amor y apoyo de un miembro del sexo opuesto. Si sentimos que nos ignoraron o nos sentimos inútiles en la escuela, nos esforzaremos por conseguir el respeto de los demás o trataremos de hacer algo.

La mayoría de los actores de Hollywood se ven impulsados por la sensación de sentirse importantes, porque cuando eran jóvenes los hicieron sentirse poco importantes e inútiles. Por eso tienen ese impulso. Comenzaron a saborear las mieles del mundo del espectáculo, en el que la gente les aplaude y sonríe, y les da la mano y les habla del gran trabajo que hicieron. Se convierte en una droga.

Henry Ford dijo una vez que el poder es el mayor afrodisiaco, porque cuando tienes mucho poder te sientes increíble contigo mismo. Te sientes poderoso. La gente acude a ti. Te dan la mano, piden tu autógrafo, te escuchan cuando hablas. Eso proviene de algo negativo, y es muy común.

El otro día conversaba con tres ricos empresarios, y les pregunté: "¿Cuándo consiguieron su primer trabajo?" Me contestaron que fue a los 10 u 11 años. Cuando yo tenía 10 años, mis padres me dijeron: "No tenemos dinero para comprarte ropa para la escuela, así que tendrás que ganártelo tú mismo". Fue en verano. A mí me pareció bien, y conseguí una azada para el jardín. Fui puerta por puerta preguntando a los vecinos si podía ayudarles cortando la mala hierba. Acabé encontrándome a una mujer muy simpática que me dijo: "Pasa y mira esto". Su patio trasero estaba lleno de maleza. Me preguntó: "¿Puedes ocuparte de esto?" Le respondí: "Claro que sí". "¿Cuánto cobras?" "Veinticinco centavos por hora." Y ella aceptó.

Y le arreglé el patio. Creo que me llevó dos semanas quitar toda la maleza, rastrillar el pasto, apilarlo, meterlo en carretillas y sacarlo del patio. Así conseguí el dinero para comprarme ropa para el otoño. Desde ese día, nunca acepté un centavo de mis padres. Me levantaba a repartir periódicos a las cuatro o cinco de la madrugada, al igual que un par de mis amigos ricos.

A los 14 años, Warren Buffett no tenía mucho dinero. Se levantaba todos los días a las cuatro de la madrugada para repartir periódicos, y ahorraba el dinero que conseguía en su ruta. Su beneficio era de un centavo por cada periódico que entregaba, y se quedaba con el dinero porque sus padres se ocupaban de su manutención. Entregó 200 mil periódicos en un periodo de tres o cuatro años. Ahorró dos mil dólares. Ése fue el punto de partida de sus inversiones.

Invirtió dos mil dólares en 1962. Actualmente tiene 350 mil millones de dólares en activos bajo gestión. El año pasado sus beneficios fueron de 25 mil millones de dólares. Comenzó con ese centavo por cada periódico repartido y los ahorró minuciosamente, levantándose a las cuatro de la madrugada seis o siete días a la semana. La gente dice que tiene suerte; es uno de los hombres más ricos del mundo. Sí, y fíjate dónde empezó. Eso es alejarse de lo negativo.

Lo positivo es igual de motivacional. Sucede cuando a la gente se le ocurre que puede llegar a ser mucho más de lo que es. Ésta es una de las influencias que Maslow ejerció sobre mí cuando leí ese primer libro. Decía que tenemos un potencial enorme que podemos obtener de nosotros mismos. Así que comencé a pasar miles de horas estudiando mientras los demás salían, socializaban e iban a bares a emborracharse. Yo me quedaba en casa leyendo durante horas todo sobre el éxito, y fue entonces cuando descubrí lo importante que es eliminar las emociones negativas. Si haces esto, se ven reemplazadas automáticamente por emociones positivas, y una de las cuales son los objetivos. Comienzas a pensar en éstos. ¿Qué es lo que realmente quiero hacer con mi vida?

Esta gran pregunta, por cierto, tiene tres partes. Haces esta pregunta: ¿qué es lo que realmente quieres hacer con tu vida? Y haces una pausa para dejar que la gente se lo piense. Después, la vuelves a preguntar: ¿qué es lo que de verdad, de verdad, quieres hacer con tu vida? Si no tuvieras restricciones, si pudieras lograr cualquier cosa en el mundo, si tuvieras todo el conocimiento, las habilidades, el talento y la capacidad que pudieras necesitar, ¿qué es lo que realmente querrías hacer con tu vida?

Si pudieras determinar eso, y lo tuvieras claro, y pudieras ver una imagen de cómo sería, te motivarías automáticamente.

Provoca una especie de catarsis en la mente. Te despiertas por la mañana, preparado para avanzar hacia el objetivo, pero tienes que verlo claramente. Debes saber de qué se trata. Tienes que saber exactamente lo que quieres, lo que te gustaría lograr si no tuvieras ninguna limitación. Eso es lo que te motiva de forma positiva.

## DAN

Excelente. El cuarto mito es más sutil. Dice que la motivación es una condición de la mente que, una vez alcanzada, permanece contigo durante toda la vida. Has hablado de tener un objetivo que nos apasione y de cómo la gente puede establecer ese objetivo, y que si encamina la mente para lograrlo, su vida cambiará para siempre a partir de ahí. Incluso una vez oí a un orador motivacional decir: "Una vez que se me encendieron las luces, nunca se volvieron a apagar".

Así son muchos de los sueños y deseos de infinidad de gente. Sin embargo, a menudo la verdad es que la motivación es una condición de la mente que hay que renovar o restaurar todos los días. Incluso alguien que haya tenido tanto éxito como tú, Brian, si no te renuevas y restauras constantemente, si no afilas la sierra, incluso el éxito puede empezar a sentirse mundano o dejar de ser fresco. Se pierde ese ímpetu que tenías antes.

# BRIAN

Lloyd Conant fue un gran hombre, fundador de la Nightingale-Conant Corporation. Una vez me contó sobre una filosofía que tenía. Todos tenemos una plantilla para el éxito en el subconsciente. Es casi como un marco que se rellena como hormigón. Todas las personas exitosas han logrado un gran objetivo, y como consecuencia, tienen una plantilla para el éxito. Nada les dará más satisfacción que lograr otro objetivo aún mayor, así que todo éxito comienza con el logro de un gran objetivo.

Si tomamos la regla de 80/20, descubriremos que 20% de las personas que ganan 80% del dinero, en algún momento de su vida empezaron y terminaron un objetivo importante. Puede ser tan sencillo como graduarse de una universidad o ganar una carrera. Puede tratarse de subir una montaña. Puede ser escribir un libro o un poema. O tal vez convertirse en el presidente de una sociedad, pero algo han logrado. A eso se le denomina éxito aprendido o logro conseguido. Han logrado algo por lo que tuvieron que trabajar duro, que podrían haber perdido al darse por vencidas, pero siguieron adelante.

Una vez hecho esto, gracias al deleite que les produce, se liberan endorfinas. Se disparan cohetes en el cerebro. A veces echan la vista atrás décadas después y dicen: "Ése fue el gran momento de mi vida". He hablado con varias personas durante las últimas semanas que pueden recordar su primer gran éxito. Fue un punto álgido en su vida.

Desde ese momento estás verdaderamente programado, casi como una computadora, para lograr otro éxito aún mayor. Te levantarás por las mañanas y todo lo que pensarás será: ¿cuál va a ser mi próximo éxito? ¿De qué se tratará? Miras hacia el futuro. Lees y vas a cursos y talleres. Aprendes constantemente nuevas habilidades y aptitudes, buscando tu próximo gran éxito.

Así que mi consejo es que elijas un objetivo que sea muy importante para ti. Después, pon toda tu alma para lograrlo, sin importar cuánto tiempo te lleve, porque en cuanto lo hagas, te convertirás en una persona distinta y una mejor persona para el resto de tu vida.

## DAN

Cuando estaba en la universidad en Notre Dame, tenía un amigo cuyo único objetivo en la vida había sido meterse en esa universidad. Era algo grande. Le fue mal en la preparatoria, así que fue a un colegio universitario, consiguió puros dieces durante dos años y después entró en Notre Dame. Pero la ironía fue que dos meses antes de la graduación sus calificaciones cayeron en picada, porque para él Notre Dame era lo máximo. Ahí es donde quería estar, y la idea de graduarse y tener que irse lo deprimía. Nunca estableció ese siguiente objetivo del que hablas.

Algunas personas siempre recuerdan cuando fueron capitanes del equipo de futbol en la preparatoria. Tuvieron un éxito, pero nunca tuvieron el siguiente. La clave está en establecer ese primer objetivo, pero además estar preparado para el siguiente, y así sucesivamente. Es un proceso continuo.

## BRIAN

Sí, hicieron un estudio de dos equipos que jugaron en el Super Bowl. Ambos equipos habían ganado sus respectivas ligas y divisiones. Un equipo venció al otro por 45-8 o algo así… una de esas victorias aplastantes.

Entrevistaron a los jugadores de ambos equipos después del partido; lo que visualizas tiene un efecto tremendo en tu motivación. Durante la temporada, un equipo había visualizado ganar cada partido, llegar al Super Bowl y saltar al campo para jugar por el campeonato, con la multitud y cientos de miles de personas, y la música animándolo. Lo visualizaban en el vestuario, y hablaban de ello una y otra vez.

El otro equipo se visualizaba saliendo del campo en el Super Bowl con el trofeo. Así que un equipo alcanzó su objetivo cuando saltó al campo. Eso era todo; se derrumbó en la cancha porque ya no tenía otra visión ni objetivo. El otro se visualizó ganando ese partido y saliendo de él como campeón.

Todo objetivo debería llevar a otro mayor, y ya se debería haber decidido el siguiente mientras se trata de lograr el anterior, para que cada uno motive aún más, como una cordillera tras otra. Cada vez que atraviesas una montaña, ves otras cada vez más grandes.

## DAN

El quinto mito es que simplemente con la motivación basta para alcanzar cualquier objetivo que te plantees. Algunas personas se pierden en esta idea, la de que si uno se anima lo suficiente, si está motivado, logrará alcanzar su objetivo. Pero hay otros elementos clave en ese proceso que son importantísimos.

Ya has hablado de esto. La motivación es un puente entre el pensamiento o las ideas y la acción. Esos tres aspectos deben estar presentes para alcanzar un objetivo. Debes tener la idea y la motivación para tender un puente, y después actuar.

## BRIAN

La gente suele caer en dos errores de pensamiento. La revista *Fortune* hizo un estudio sobre esto hace algunos años. El primer error respecto al pensamiento es "porque quiero, puedo". A mucha gente la confunden los oradores y libros motivacionales.

Un ejemplo perfecto sería *El secreto* de Rhonda Byrne. La ley de atracción se remonta a cuatro mil años. Yo llevo 35 años enseñándola, y sé mucho sobre el tema. Rhonda Byrne decía que si podías tener pensamientos felices, visualizar imágenes felices, hacer ojitos y todo eso, todas las cosas buenas vendrán hasta ti, pero en ninguna parte del libro aparece la palabra "trabajo". A la gente le encanta el libro porque le fascina la idea de tener éxito sin tener que trabajar, y por eso se convirtió en un *bestseller*.

La idea era que si quiero, puedo. Si quiero… con eso basta. Sólo debo tener un intenso deseo ardiente, pero no, ése sólo es el principio. Mirar el mapa y decidir cuál es tu destino, y después tomar el carro y comenzar a moverte hacia tu destino… ése es el comienzo.

El segundo error de pensamiento es "porque tengo que hacerlo, puedo". Porque tengo que hacerlo, tengo que hacerlo. Tengo que ganar ese dinero. Tengo que lograr ese objetivo. Lo que quieres hacer, lo que tienes que hacer no tiene relación con lo que puedes hacer. Una de mis frases favoritas dice: "Reza y después mueve los pies". Significa que tienes que ser muy claro con tu objetivo, escribirlo y después ponerte en marcha.

Algo que enseñaremos después es la importancia de hacer un plan detallado, una lista de control para lograr un objetivo. Cualquier gran objetivo tendrá 20, 30 o 40 pasos, así que hay que dividirlo en esos pasos. Después, vas paso a paso. Es como subir una escalera muy larga: vas escalón tras escalón. Cada día te levantas y trabajas en uno de esos escalones, y lo haces en una secuencia.

Al principio, la motivación es muy poca, porque el progreso parece ser muy lento, pero en cuanto comienzas a moverte hay una ley denominada "de aceleración acelerada". En cuanto comienzas a moverte hacia tu objetivo creas un campo de fuerzas en el universo que comienza a atraer a tu objetivo hacia ti. Imagínate la redondez del globo terráqueo. Comienzas a moverte hacia tu objetivo en una punta de este lado de la Tierra. El objetivo comienza a moverse hacia ti también, pero no puedes verlo, porque está en el otro lado del mundo. Está fuera de tu vista, pero conforme te vas acercando, comienza a moverse hacia ti.

Lo semejante se atrae; los cuerpos en movimiento se atraerán unos a otros. Cuando los cuerpos comienzan a acercarse unos a otros, se mueven más de prisa cada vez. Es la ley de la física descubierta por Isaac Newton.

Aquí va un hallazgo: el 80% de tu objetivo se logrará en el último 20% del tiempo que le dedicaste. Mucha gente trabaja durante mucho tiempo y no ve gran progreso, y sin embargo aguanta y aguanta, y de pronto todo comienza a funcionarle. Comienza a moverse cada vez más rápido, y logra el objetivo, siempre de una forma bastante diferente a la que se había imaginado en un principio. Pero la cosa es comenzar dando el primer paso y después el otro, y así sucesivamente.

Earl Nightingale solía decir que la felicidad es la realización progresiva de un ideal u objetivo dignos. El moverse paso a paso hacia algo que es importante para ti te da una retroalimentación constante de la motivación, una fuente constante de energía. Te vuelve más inteligente y te hace más creativo, simplemente con ese acto de movimiento hacia delante.

Hay otro principio que también formuló Isaac Newton. Lo llamó *inercia*: un cuerpo en movimiento tiende a permanecer en movimiento a menos que una fuerza externa actúe sobre él. Por fuerza externa quería decir algo como la gravedad: si lanzas una pelota, ésta subirá hacia arriba por el aire, pero la gravedad comenzará a jalarla hacia la Tierra. Pero si la pelota estuviera en el espacio, donde no hay gravedad, y la lanzaras, se quedaría moviéndose hasta el infinito.

También existe el principio de impulso del éxito. Dice que cuando comienzas a moverte hacia tu objetivo, el progreso parecerá muy lento al principio. Ése es el momento en el que la mayor parte de la gente se da por vencida. Por eso dicen que si quieres perder mucho peso, no te peses durante las dos primeras semanas de dieta y ejercicio, porque no verás ningún progreso. Éste ya se está dando bajo la superficie, pero no lo verás, así que espera dos semanas. Es posible que descubras que adelgazaste unos dos kilos y medio. Así empiezas a ganar más confianza. Está funcionando. Puedo hacerlo. Merece la pena.

Y entonces alguien te pregunta: "¿Adelgazaste?" Por cierto, en Estados Unidos, ése es el piropo mejor valorado, el preguntar a alguien si adelgazó. Siempre se miran y dicen: "No lo sé". Pero es un comentario halagador. A la gente le encanta, sobre todo a aquella que necesita oírlo.

Conforme vas acercándote a tu objetivo, te motivas cada vez más y más. Casi todo depende de lo que creas. Si crees con todas tus fuerzas que vas a lograr este objetivo tarde o temprano, si sigues trabajando en ello, nada te detendrá. Cada vez que des un paso hacia el objetivo, tu creencia crece. Crece desde la creencia en ceros o incluso una fe negativa.

En un estudio psicológico, empiezas con incredulidad. Dices: "Quiero volverme rico", pero no te lo crees. Pero puedo volverme rico si establezco objetivos. Voy a empezar a trabajar todos los días. Conforme vas haciendo cosas y dando pasos, la incredulidad comienza a empequeñecer cada vez más hasta que alcanzas un punto psicológico neutral.

En ese punto ni crees ni dejas de creer; simplemente sigues actuando, y entonces algo ocurre, y tu creencia sube como el rayo. Comienzas a creer un poco más, y después sigues haciendo cosas, y más de éstas, y entonces tu fortaleza comienza a crecer y crecer. Enseguida llegas al punto en el que tu creencia es tan grande que te vuelves totalmente imparable. Nada puede detenerte de lograr este objetivo, porque crees al cien por ciento que tú lo puedes alcanzar, y eso se vuelve realidad.

## DAN

Excelente, Brian. Por último, ¿qué te gustaría decirle a la gente sobre los mitos y las ideas equivocadas sobre la motivación? ¿En qué verdad debería enfocarse para motivarse a sí misma?

# BRIAN

Og Mandino me dijo una vez: "Brian, no hay secretos para el éxito. Solamente hay verdades eternas que se han aprendido y repetido una y otra vez durante siglos". Si echas la vista atrás y lees a algunos de los pensadores más inteligentes de la Antigüedad, como Cicerón o Plutarco, te darás cuenta de que enseñan los mismos principios. Tú decides muy claramente tu objetivo. Planeas tu ataque, pones el plan en marcha, actúas de inmediato y simplemente sigues trabajando hasta que lo logras. No es ningún secreto. Millones de personas que hoy en día tienen éxito lo han demostrado una y otra vez, así que todo el mundo puede hacerlo.

En tu interior tienes más potencial del que podrías usar jamás, pero éste sólo se libera cuando lo concentras en algo que realmente quieres. Nick, de Nightingale-Conant, solía decir que cada persona tiene un mecanismo de éxito y otro de fracaso. El mecanismo de fracaso se activa automáticamente, motivo por el cual 80% de la población es mediocre, está estancada en el medio y preocupada por el dinero todo el tiempo.

El mecanismo de éxito tiene que activarse, se activa con un objetivo. Si estableces un objetivo, el mecanismo de éxito se convierte en realidad en el valor por defecto y hace que el mecanismo de fracaso se recorte. Puedes llegar a cerrar tu mecanismo de fracaso anulándolo con un objetivo. Siempre que estés trabajando en este último, el mecanismo de fracaso nunca vuelve a aparecer.

# Capítulo 3

## El poder de las creencias: cómo activar tu mecanismo de actuación

### DAN

Brian, quiero llevarme a casa la importancia de los sistemas de creencias, no sólo para motivarse uno mismo, sino hacerlo de verdad para actuar constantemente, sin sabotearse por otros motivos psicológicos. En resumen, es importante tener un sistema de creencias sencillo que apoye a una persona en sus logros. Sé que esto ha sido un tema del que has hablado ampliamente durante tu carrera en muchos de tus libros y programas de audio. ¿Puedes comenzar contándonos de qué forma las creencias suelen ser los desencadenantes subyacentes, a menudo subconscientes, que pueden o bien apoyar o sabotear tus intentos para motivarte?

### BRIAN

Sí. Es un tema maravilloso. Comencé a estudiarlo hace 40 años, y el impacto que tienen las creencias de una persona me dejó atónito. Hemos hablado sobre el autoconcepto; es el programa de maestría de tu computadora mental. Todo lo que haces en el exterior es resultado de lo que se programó en tu computadora subconsciente.

Tus creencias son los principales impulsores de la motivación porque, como dijo Anaïs Nin: "No crees lo que ves: ves lo que ya crees". Vas por el mundo mirando a través de una pantalla de creencias, como un entramado de flores. Esta pantalla de creencias te permite ver algunas cosas y evita que veas otras. Hace que estés cegado, como un caballo. Tu visión de las cosas es estrecha, y no puedes ver nada que esté fuera de esas creencias.

Lo interesante de esto es que todas las creencias son aprendidas. Tus creencias sobre ti mismo, que determinan todo lo que piensas, sientes o haces, las aprendes desde la más tierna infancia. A algunas personas les enseñan creencias positivas. A otras les enseñan creencias negativas.

Aquí va un ejemplo. Hay mucha gente en todo el mundo que tiene creencias muy firmes sobre su religión. Algunas personas son fanáticas; están obsesionadas con su religión. Pero cuando esas personas nacieron no sabían nada en absoluto de esa religión. Todo lo que saben, piensan, creen, e incluso por lo que morirían en la actualidad, se lo enseñaron con el paso de los años, a veces por accidente, otras, deliberadamente.

Por eso, el punto de partida para cambiar tu vida es cambiar tus creencias, porque son éstas las que lo determinan todo. Sin embargo, aquí va la gran tragedia: muchas personas tienen creencias que simplemente no son verdad, y una creencia puede adquirirse por accidente leyendo tu horóscopo o porque alguien te diga algo y tú digas: "Pues sí, eso tiene mucho sentido".

Hace muchos años me dio una bronquitis en la época navideña, a mediados de diciembre. La bronquitis te agota. Es un resfriado tremendo, así que me mimé. Yo estaba soltero, y me quedé sentado sin hacer nada. Como fue en Navidad, no estaba trabajando, y se me acabó curando.

Al año siguiente me volvió a dar en época navideña, y de nuevo tuve que quedarme sin hacer nada y mimarme durante una semana. Estaba convencido de que si la tenías una vez, siempre la tienes durante la misma época cada año. Era una falsa creencia, pero era tan fuerte que justo a mediados de diciembre comenzaba a tener bronquitis. En realidad, yo mismo me había hecho enfermar por culpa de una creencia negativa.

Se lo comenté a una amiga que era enfermera. Le dije: "Fíjate, tengo bronquitis. Siempre me da en época navideña". Ella me dijo: "Eso es una tontería". "Bueno, alguien me dijo que si la tienes una vez, cada año la tendrás durante la misma época. Se queda programada en tus genes." Y ella dijo: "Eso es una tontería. No existe ninguna base médica para afirmar eso". Yo le pregunté: "¿En serio?" Me respondió: "Absolutamente en serio". Y nunca volví a tener bronquitis durante el resto de mi vida.

## DAN

Eso es increíble. Así que uno puede tener una creencia determinada tan fuerte sobre sí mismo y su capacidad que, aunque se establezca un objetivo y sienta que está motivado para lograrlo, acaba quedándose corto una y otra vez. ¿Tendría que arañar bajo la superficie y averiguar la creencia subyacente que está causando que se quede corto?

# BRIAN

Las creencias que más obstaculizan son las autolimitantes. Te ves limitado en inteligencia, porque no obtuviste buenas calificaciones. Te ves limitado en capacidades, porque tu rendimiento no fue de un nivel excelente. Te ves limitado en creatividad, porque no se te ocurrió ninguna buena idea. Te ves limitado en tu capacidad atlética, tu capacidad artística, y todo eso. Puede provenir de un simple comentario casual de tus padres.

Mi padre no comprendía nada de esto. Decía: "Brian no tiene nada de oído musical. No tiene ninguna capacidad para escuchar ni apreciar la música". Yo quería conseguir una guitarra y tocar, pero él me decía que yo no tenía oído musical y me lo creía. Lo supuse durante años, y de repente me di cuenta de algo: "Puede que no sea un músico del Carnegie Hall, pero eso no significa que no tenga oído musical. Sí que disfruto de la música". Cualquier comentario negativo casual de alguien que crees que sabe de lo que habla puede descolocarte de por vida.

Déjame darte un ejemplo positivo. Cuando mi hijo David estaba creciendo, probaba cosas, y no tenía éxito, como les pasa a los niños de ocho, nueve y 10 años. Me decía: "Papá, no creo poder hacer esto. Tengo miedo de fracasar". Yo le decía: "David, soy tu padre, y sé algo sobre ti. Sé que no tienes miedo de nada. No tienes miedo de nada". Y él me contestaba: "Uy, sí. Tengo miedo de muchas cosas, en deportes y en la escuela". Yo le repliqué: "No, no tienes miedo de nada. Puede que pienses que lo tienes. Pero yo soy tu padre y lo sé. Sé que no tienes miedo de nada". Y eso lo convertí en un juego.

Barbara y yo íbamos en el carro y David iba él solo o con alguno de nuestros otros hijos en el asiento de atrás, y yo decía:

"¿Sabes, Barbara? Hay una cosa que me pone muy contento. Nuestro hijo David no tiene miedo de nada". Lo repetía y lo llamaba David el Paladín. Le preguntaba: "¿Cómo está hoy David el Paladín?" Y lo llamaba Le Paladin, David Le Paladin, como si lo dijera en francés. Y bromeaba con él por eso.

No dejaba de repetirlo, y de pronto un día lo escuché. Tenía 10 u 11 años. Le estaba diciendo a uno de sus amigos: "Sé una cosa sobre mí, y es que no tengo miedo de nada". Pensé: "Uy, veo que funcionó. Funcionó. Lo programé con mensajes repetitivos, mensajes sueltos positivos". Actualmente, David va a comenzar un nuevo negocio. Ha estado en tres o cuatro actividades distintas. Aprendió a vender tocando de puerta en puerta. Está en el negocio de la inmobiliaria residencial. No tiene miedo a nada.

## DAN

Me encanta esa historia. Así que si una persona tiene un conjunto de creencias que siente que la están alejando de permanecer motivada, y si estas creencias tardaron toda una vida en llegar ahí a partir de los comentarios de la gente y por su educación, ¿cuánto tiempo tardaría alguien en poner en marcha un nuevo sistema de creencias más positivo que pueda apoyarlo para lograr sus nuevos objetivos? ¿Qué proceso debería seguir?

## BRIAN

El punto de partida es desafiar las creencias autolimitantes y preguntarte: "¿En qué área me siento limitado de algún modo?" Comencé sin educación, sin dinero, sin escolaridad, sin nada más.

Así que yo tuve muchísimas creencias autolimitantes. Después, comencé a pensar que no eran ciertas. Fue un auténtico trauma. Alguien puede decirte algo que creíste toda tu vida, como mi historia sobre la bronquitis, y no es cierto, y cuando lo descubres, de repente se te abre el mundo.

Te voy a dar un ejemplo maravilloso que leí hace mucho. Era sobre un tipo que tuvo mucho éxito. Recordaba haber crecido en una familia de clase trabajadora. Su padre era obrero en una fábrica, y éste le repetía una y otra vez en la mesa durante la cena: "Los Wilson siempre han sido gente trabajadora. Siempre hemos sido obreros. Siempre seremos obreros. Cuando tus hijos crezcan, también serán obreros. Trabajarás para fábricas en tu puesto de obrero, porque siempre lo hemos sido, generación tras generación".

Así que, cuando el tipo dejó la escuela, consiguió un trabajo de obrero. Un día, como un año o dos después, a los 19 o 20 años, estaba cavando una zanja al lado de la autopista, y el tráfico iba muy lento. Se acercó un carro, y vio a uno de sus compañeros de la preparatoria, que no era mucho más listo que él, y sin embargo iba manejando un buen carro. Obviamente, iba bien vestido.

El primer tipo habló: "Glen, ¿cómo estás?" Glen contestó: "Estoy genial. Me metí como vendedor en el mundo de los seguros de vida. Estoy ganando mucho dinero; acabo de comprarme una casa nueva. Me caso dentro de un año".

El tráfico avanzó, y él se fue. El primer tipo se quedó ahí sentado y se dio cuenta, de repente, como un rayo, de que se había tragado las creencias de su padre de que sólo estaba destinado a ser obrero.

Entonces se encontró con alguien que no era más inteligente que él, ni mejor, y que llevaba una vida increíble. Se paró, tiró la pala a la zanja y renunció. Fue a buscar un trabajo en ventas, y seis años después era millonario y tenía su propio negocio. Recordó ese punto de inflexión: trabajaba en una zanja, y llegó alguien y de pronto se dio cuenta de algo: "Me vendieron la falsa creencia de que iba a ser obrero toda mi vida".

La razón por la que uso esa historia es que todos tenemos falsas creencias. Todos tenemos ideas que nos frenan. Un buen amigo mío, que era psicólogo y maestro, escribió un libro titulado *Release Your Brakes*, y ésa es una de las mejores frases: suelta los frenos (en inglés). ¿Cuáles son los frenos que te están reteniendo?

Y por eso yo pregunto: "¿Qué te parecería ganar dos veces más, o cinco veces más, o 10 veces más? Tú puedes hacerlo. ¿Y cómo sabemos que eso es cierto? Porque hay muchas personas a tu alrededor en la misma sala vendiendo el mismo producto en este mercado, pero que están ganando cinco y 10 veces más que tú, y no son más inteligentes que tú. De hecho, algunas son más tontas y menos educadas que tú. Dicen que nada te hace enojar más que encontrar a alguien más tonto que tú y que gane más dinero", y todos se rieron, porque es cierto. Esa gente cree que puede hacerlo.

Hay un viejo dicho sobre el valor. No sería alardear si ya lo hiciste. Una forma de superar las creencias negativas es pensar en lo contrario. En lugar de decir: "No puedo ganar mucho más dinero del que gano actualmente. Siempre estoy endeudado", mejor di: "Sí, puedo ganar todo el dinero que quiera simplemente actualizando mis habilidades y aplicándome con mucho esmero, usando bien mi tiempo y trabajando duro. Puedo ganar la misma cantidad de dinero que otras personas que hacen lo mismo que yo".

Después, entras en acción. En la Biblia, se dice que el rezo, si no va acompañado de acciones, está muerto. Así que hay que entrar en acción. A esto se le llama el principio de reversibilidad: si actúas como si ya creyeras que estás destinado a tener un gran éxito, entonces comenzarás a sentirte así y a creértelo. La acción creará la sensación, del mismo modo que la sensación crea la acción.

William James, de Harvard, el fundador de la psicología estadounidense, dijo que si quieres tener confianza en ti mismo debes actuar como si ya la tuvieras, y así la acción creará la emoción. Ésta es la forma en la que empezamos a eliminar esas creencias autolimitantes. Primero comenzamos a desafiarlas, y después hacemos lo contrario de lo que haría alguien si tuviera esa creencia.

¿Qué pasaría si tuviera toda la confianza en mí mismo del mundo? ¿Qué pasaría si no tuviera miedo a nada? Si pudiera tocar cualquier puerta, hablar con cualquiera, ¿cómo me comportaría? Me levantaría temprano por las mañanas, saldría a la calle y tocaría en todas las puertas, y llamaría a todos los teléfonos, visitaría a todos los clientes, como si estuviera en una carrera desesperada para ver la mayor cantidad de gente posible. Y cuando haces eso… sorpresa, sorpresa… desarrollas el mismo nivel de confianza que cualquier persona con un éxito extraordinario.

# DAN

Excelente. Háblanos del papel tan importante que desempeñan nuestras expectativas sobre lo que podemos conseguir en lo que realmente obtenemos. Estoy pensando en una persona que se mete en una situación con la expectativa de que va a ser extenuante, habrá que dedicarle muchas horas y todo eso, al contrario de alguien con una actitud más abierta y positiva.

Sé que has hablado de estudios que se hicieron sobre las expectativas y que demuestran que, si éstas son muy altas, si se pone el listón muy alto, la gente irá mucho más allá que si el listón está bajo. Háblanos de cómo puede uno establecer expectativas elevadas para un resultado, cuando comience algo, para que tenga una mayor oportunidad de éxito.

# BRIAN

Comencé a enseñar esta materia hace 35 años, después de miles de horas de investigaciones, y descubrí que hay una serie de leyes mentales. La primera es la de causa y efecto. Esta ley establece que para cada efecto en tu vida hay una o varias causas. Si puedes duplicar esas causas, podrás lograr el efecto.

Así que volvemos a lo mismo, si deseas doblar tus ingresos, ¿qué es lo que hace diferente la gente que está ganando dos veces más que tú durante todo el día? Si quieres saberlo, ve y pregúntale: "¿Qué es lo que estás haciendo distinto a mí?" Sea lo que sea que te digan, hazlo, y hazlo una y otra vez. Hazlo sin preguntar.

Fui a karate durante 10 años. Conseguí el cinturón negro en dos modalidades distintas. En este deporte, cuando empiezas, haces exactamente lo que te dicen, y lo haces cientos de veces, y después miles de veces. En la primera mitad de cualquier clase de karate, repasas lo básico, y repites los movimientos básicos (golpes, patadas, desplazamientos laterales, movimientos hacia delante, hacia atrás…). En eso consiste la primera mitad de la clase. En la segunda mitad se hacen ejercicios más avanzados, como lucha libre. Y lo haces una y otra vez. Lo haces miles de veces hasta que, cuando entras en una competición, resulta absolutamente automático. Ni siquiera tienes que pensar para actuar. Pero siempre sigues exactamente lo que te dicen al principio.

Pasa lo mismo si quieres convertirte en atleta. Haces exactamente lo que te dice el entrenador. Si quieres convertirte en músico, haces lo que los maestros de música te dicen. Si quieres hacer cualquier cosa, comienzas con la causa, y el efecto la seguirá. Así que el efecto que deseas es doblar tus objetivos. ¿Cuáles son las causas de ganar el doble? La primera norma es que si haces lo mismo que otras personas exitosas, gracias a la ley de causa y efecto, pronto obtendrás sus mismos resultados. No tiene ningún misterio.

El segundo principio es la ley de la creencia, la cual establece que sea lo que sea en lo que creas con sentimiento y convicción, se convierte en tu realidad. Es la intensidad de tus creencias lo que cristaliza la realidad.

Supongamos que te dicen que vas a conocer a una persona muy exitosa. Esta persona comenzó de la nada. Tiene un patrimonio por un valor de 100 millones de dólares, pero es muy humilde. No se viste como si fuera rica ni nada de eso, y no le gusta hablar de su pasado. Te presentan a esa persona y tú crees que es rica, talentosa e inteligente, entre otras cualidades. ¿Cómo la tratarías? Bueno, te quedarías un poco fascinado, serías respetuoso, escucharías todo lo que dijera. Podría decir: "Sí, hoy es un día caluroso, puede que este verano sea caluroso". Y tú pensarías: "Ay, no, se va a meter en el mercado de las materias primas. A lo mejor va a ocuparse de los contratos futuros del jugo de naranja o las tripas de cerdo". Dijera lo que dijera esa persona, pensarías que es brillante. Tienes que escucharla con atención; tomar notas. La ley de la creencia establece que todo aquello en lo que crees con sentimiento se vuelve tu realidad.

La tercera ley es la llamada de las expectativas. Ésta establece que si esperas que algo te suceda con confianza, esto se vuelve una profecía autocumplida, y hay librerías llenas de ejemplos. De hecho, ayer mismo recibí un boletín por correo electrónico con un artículo completo sobre la teoría de las expectativas. Dice que hay cuatro áreas de las mismas.

La primera son las expectativas de tus padres. Hay dos factores que ayudan a formar niños felices, sanos y con confianza en sí mismos que, cuando crecen, se convierten en ganadores y triunfadores en la vida. El primer factor es un ambiente democrático: las opiniones de los niños deben respetarse y solicitarse. Tienen conversaciones y escuchan, y la familia hace lo que uno o más niños quieren hacer.

Nosotros salíamos a cenar con nuestros hijos cuando tenían tres, cuatro, cinco o seis años. Les preguntábamos: "¿Dónde te gustaría ir a cenar? Es tu turno de elegir". Y decidían dónde íbamos a cenar. La siguiente vez, le preguntaba a otro de mis hijos: "¿Dónde te gustaría ir? Es tu turno; tú eres el líder", y ellos decían: "Quiero ir a tal sitio".

Crecieron creyendo que sus opiniones son valiosas, porque todo el mundo en su familia, incluidos esos dos gigantes, los padres, los escuchaban y apoyaban al cien por ciento. Cuando mis hijos cumplieron los 10 u 11 años y hablaban con adultos, esperaban ser escuchados y poder dar una respuesta. Los adultos movían la cabeza: "Estoy hablando con un niño de 10 años que tiene que pararse en la silla para poder establecer contacto visual conmigo como si fuera un adulto".

La segunda área de expectativas son las expectativas de tu jefe. Descubrirás que aquellos con las expectativas más altas son los que consiguen los ambientes laborales de mayor rendimiento. El jefe espera que a la gente le vaya bien; cree totalmente en ello.

La tercera área son las expectativas que tienes de la gente que te admira. Esa gente siempre se pondrá a la altura. Tus hijos, tu cónyuge, tus amigos o tus empleados siempre se pondrán al nivel de tus expectativas. Si tienes grandes expectativas positivas para ellos, no te decepcionarán. Se pondrán a la altura.

La cuarta área son las expectativas que tienes de ti mismo. Nunca podrás ser mejor o más exitoso en el exterior de lo que esperas de ti mismo en tu interior.

A veces uso este sencillo ejemplo. Imagínate que hubiera una tienda de computadoras a la que pudieras ir a comprar un programa operativo e insertarlo en tu cerebro, de forma que éste funcionara con ese programa durante el resto de tu vida. ¿Cuál sería el mejor que podrías comprar? La respuesta es la siguiente: compra el programa que diga que vas a tener mucho éxito en la vida. Si introduces eso en tu cerebro, pase lo que pase en la vida esperarás tener éxito, aprender, tener beneficios, prosperar; sin importar lo que ocurra, volverás a ponerte de nuevo en pie.

Por eso, aunque verás a mucha gente que perderá su fortuna, millones o incluso miles de millones de dólares, dos o tres años después está de regreso, y con un patrimonio de millones o miles de millones de dólares. ¿Qué demonios pasó? Sus creencias eran sólidas, porque sabía cómo hacerlo. Sus expectativas estaban al cien por ciento y este estado mental era más poderoso que cualquier acontecimiento mundial. Por esa razón, tus expectativas determinan tus acciones. Tus expectativas determinan tu actitud. Earl Nightingale dijo que la *actitud* es la palabra más importante del lenguaje.

Tu actitud hacia los demás… ¿es positiva, eres alegre, cálido, genial, amistoso? ¿Tienes mucha energía? Si esperas tener éxito y caer bien, y aprender algo de los contratiempos, entonces tu actitud será positiva, y todo el mundo te dirá que ése es el principio fundamental para tener éxito en la vida.

Por último, tu actitud determina tus acciones. Comienza con tus valores, lo que crees es importante. Después, se extiende hasta tus creencias, porque tus valores determinan tus creencias sobre la realidad, que después se manifiestan como un objetivo, y se expanden. El siguiente círculo son tus expectativas. Tus creencias determinan tus expectativas, las cuales determinan tu actitud, y ésta determina tus acciones y tus acciones determinan tus resultados.

Entonces, todo comienza con tus valores. ¿Quién eres realmente en tu interior? ¿En qué crees y qué te importa? Eso determina tus creencias y todo lo demás.

## DAN

Impresionante. Algunas personas sienten que las creencias están tan profundamente arraigadas que ningún tipo de programación consciente sería capaz de superarlas. Sé que en los últimos años la psicología se ha alejado del concepto freudiano de la represión y la idea de que se necesitan años de psicoanálisis para exorcizar el demonio que llevamos dentro.

Como decías antes, se ha estudiado el concepto de psicología positiva de Martin Seligman y ha demostrado ser preciso. Dice que uno puede cambiar sus propias creencias practicando nuevos pensamientos y acciones. Háblanos sobre el motivo por el que se pueden cambiar las creencias propias, y contrarresta la idea freudiana de que estos aspectos están tan profundos que ni siquiera puedes ser consciente de ellos; en lugar de eso, debes pasar por el análisis del subconsciente durante años para liberarte de ellos.

## BRIAN

Es el principio del que hablábamos antes. Se le conoce como el "principio de actuar simulando". Dices: "Quiero tener exclusivamente creencias positivas. Quiero creer que estoy destinado a tener muchísimo éxito en la vida. Si eso ya fuera una realidad, ¿de qué modo me comportaría diferente?" Actúa simulando que ya eres la persona que deseas ser. Las acciones crearán las sensaciones, y éstas impulsarán las acciones, y las acciones crearán los resultados.

La forma de liberarse de una creencia autolimitante es sustituirla con una creencia positiva y que mejore la vida. Por eso, cuando uno dice: "No creo en mí mismo" o "No tengo la confianza suficiente" o "No tengo la inteligencia suficiente, o la belleza suficiente", eso son creencias negativas. La creencia positiva es: "Tengo más capacidad intelectual de la que podría usar en toda mi vida. Sólo es cuestión de sacarla. Tengo la misma capacidad ilimitada de tener éxito que cualquier otro. Soy una persona popular y atractiva. Ésa es la creencia que decido tener". Después, hay que actuar simulando que ya se tiene esa creencia. Eso desgasta a la antigua. Al final, la anterior creencia acaba siendo enviada al desván, metida en una caja y olvidada, y la nueva termina por dominar tu vida.

## DAN

¿Es acertado decir que podemos reprogramar nuestras creencias casi como una computadora? Como seres humanos, en muchos aspectos somos más complejos que una computadora. Pero hay personas por ahí que te dicen: "Puedo enseñarte a reprogramar tus creencias en horas… o minutos". Es la idea de que si puedes hacerlo en días o años, puedes hacerlo en minutos u horas. Es un enfoque que plantea soluciones rápidas para reprogramar las creencias. ¿De qué lado estás en esta idea de la reprogramación?

## BRIAN

Si se tarda toda una vida en desarrollar una creencia autolimitante, dudo mucho que se pueda cambiar en cuestión de minutos u horas. Imaginémonos que piensas que eres un perdedor o que juegas muy mal a un deporte y ganas el primer puesto. No por eso te vas a considerar automáticamente un ganador de primeros puestos durante el resto de tu vida. Recaerás en tu pensamiento anterior debido a la zona de confort. Volverás a tu antigua forma de pensar. Así que cuando tengas un éxito, la clave es volver a vivirlo en tu mente.

Antes de cualquier acontecimiento importante, todo el mundo crea una imagen visual de cómo se van a comportar. A veces es una imagen clara, otras es borrosa, pero siempre es algo visual. La persona que ves es la persona en la que te convertirás.

Así, puedes elegir una experiencia de éxito previa, una conectada con una emoción de orgullo, alegría, entusiasmo o felicidad: ganaste un premio o galardón, alguien te hizo una fiesta sorpresa. Hiciste algo que fue realmente bueno, y sigues recordándolo. Sigues sonriendo cada vez que te acuerdas del éxito que tuviste. Entonces, puedes pensar en una imagen de una próxima actividad y recordar simultáneamente el acontecimiento feliz anterior. Lo que ocurre es que los dos se conectan en tu subconsciente, y por eso te sientes feliz y seguro; sabes que tendrás éxito en tu próxima actividad. Y ya lo único que tienes que hacer es meterte en ella.

Los atletas hacen esto todo el tiempo. Antes de subirse a un escenario, los actores, cantantes y artistas crean una imagen visual de sí mismos actuando lo mejor que saben. A esto se le llama *condicionamiento*. Hay un tipo de condicionamiento atlético que usan todos los deportistas de alto rendimiento del mundo: sentados tranquilamente en una silla, o tumbados en la cama, se visualizan practicando su deporte a la perfección.

Los patinadores artísticos usan esta técnica. Ponen la música con la que van a patinar. Dejan que el ritmo musical suene y llevan a cabo toda su rutina en la mente. Lo hacen una y otra vez antes de irse a dormir y cuando se levantan por las mañanas.

Así, cuando salen a la pista, su rutina es absolutamente hermosa, porque lo maravilloso es que, en su mente, nunca se caen. Su imagen es la de una rutina perfecta. Hay un montón de historias de personas que nunca habían practicado un deporte, pero se les enseñó a visualizar cómo hacerlo e hicieron un buen trabajo.

Uno de los mayores descubrimientos y de los más profundos de toda la historia de la humanidad, al que Earl Nightingale llamó "el más extraño secreto", es que te conviertes en lo que piensas la mayor parte del tiempo. Del mismo modo que decimos que eres lo que comes (y todo el mundo está de acuerdo con eso), también eres lo que piensas. Si piensas en ti mismo de forma positiva, inspiradora, genial y divertida, entonces eso se convierte en tu realidad.

## DAN

Entonces, ¿cómo ayudan los sistemas de creencia positivos y útiles a activar los mecanismos de acción de una persona? ¿De qué forma están las creencias tan interconectadas con la acción, para llegar a hacer cambios reales en la vida de alguien?

## BRIAN

Si crees que vas a tener éxito, estás deseando salir y lograrlo. Si dudas si vas a tener éxito o no, lo único que harás será dejarlo para después. Hablemos de los vendedores. Ellos suelen ser terriblemente reticentes a las llamadas telefónicas; tienen lo que se denomina miedo al rechazo. El motivo es que creen que si llaman a alguien van a ser rechazados. Esa persona les va a decir:

"No, no estoy interesado" y les colgará el teléfono. Y entonces piensan en eso. Reproducen la imagen de la última persona que fue muy grosera con ellos cuando la llamaron. Cuando se acercan al teléfono, comienzan a pensar en esa persona grosera y se imaginan que va a haber otra igual al otro lado de la línea, y que los va a rechazar otra vez cuando llamen.

Con el tiempo, cada vez les da más miedo llamar, hasta que al final acaban por no poder hacer ni una sola llamada. La mayoría de la gente abandona el mundo de las ventas no por falta de éxito, sino porque no puede soportar el rechazo. Parte del mismo, o quizá todo, proviene porque esperan ser rechazados, como en la historia que te conté sobre el caballero que vendía teléfonos celulares en un centro comercial.

No se daba cuenta, pero después de haber sido rechazado 10, 20 o 50 veces, esperaba que la siguiente persona también lo rechazara. Sin embargo, en cuanto cambió su forma de pensar —que no, esta persona me va a comprar, porque es una buena oferta, y la necesita, y le ayudará muchísimo—, cambió su conducta. No se trataba del producto, ni del cliente o el mercado. Era él mismo, que dudaba mucho de sí mismo debido a los rechazos anteriores.

Así que siempre nos pasa lo mismo. ¿Conoces la canción "It's Me, Oh Lord, Standing in the Need of Prayer"? Es uno mismo el que tiene que ir formando esas creencias positivas, y la manera de perfeccionarlas es haciéndolo.

Si quieres escalar una montaña y quieres decir: "Yo escalo montañas", pues escala una. Y durante el resto de tu vida podrás decir: "Yo escalé esa montaña. Sí, escalo montañas altas". Es muy complicado escalar una gran montaña, pero después puedes decir: "Lo hice". Durante el resto de tu vida estarás cien por ciento convencido de que puedes hacerlo.

Ésa es la clave. Actuar para creer. Hacer las cosas que harías si ya tuvieras la creencia positiva, y así se vuelve automático.

Martin Seligman, entre otros, está construyendo lo que llaman el campo de la psicología positiva. Hace 35 años la llamaban psicología cognitiva. Ésta es otra forma de decir que te conviertes en lo que piensas la mayor parte del tiempo, y sólo hay un aspecto en el mundo que puedes controlar, y es tu pensamiento. Así que si piensas en lo que quieres, y piensas en ti como tu mejor yo, y piensas en el éxito, los logros y los resultados positivos, así es como te comportarás. Así rendirás.

Recuerda la maravillosa cita de Napoleon Hill, autor de *Piense y hágase rico*: "Sea lo que sea que pueda concebir y creer la mente del ser humano, puede lograrse". Esa cita ha transformado la vida de millones de personas. Date cuenta. Si creo en ello con la suficiente fuerza y después lo respaldo con un gran trabajo duro, se convierte en mi realidad. Se convierte en mi verdad, y en cuanto eso pasa, elimina y sustituye todas las creencias negativas del pasado.

## DAN

Excelente. Vamos a centrarnos en un asunto específico y veamos cómo orientarías a una persona para que lo abordara de forma que cambiara su creencia. Me centraré en hablar en público, ya que te dedicas a eso profesionalmente.

Hay estudios que demuestran que la mayoría de la gente le tiene más miedo a hablar en público que a la muerte. Supón que hay una persona que te dice: "Brian, como parte de mi trabajo, me han ascendido y tengo que hablar más en público, pero estoy petrificado. Soy un orador terrible. Pero si quiero tener éxito, tengo que desarrollar una nueva creencia sobre mí mismo como un orador competente y eficaz". ¿Qué debería hacer esta persona para convertirse en una oradora eficaz en un tiempo razonable?

## BRIAN

En realidad, todos somos oradores eficaces. Cuando te reúnes con tus amigos en el trabajo, sales a comer, tienes una cita o una reunión familiar, hablas con fluidez, confianza, competencia y claridad. La gente te responde de forma positiva. Se ríe, hace bromas, hace comentarios.

Así que algo que enseño en mi academia de oratoria es a hablarles a los demás como le hablarías a un miembro de tu familia durante la cena o el desayuno. Imagínate que viste una buena película y estás con un amigo. Le dirías: "¿Viste esta película?" "No." "Déjame que te hable de ella. Es realmente excelente. Comienza de esta forma, y no sabes lo que va a pasar, y al final pasa esto. La vi anoche. Está increíble."

Para hablar en público se necesita una introducción, un desarrollo, un cierre y una resolución. Cuando te paras a hablar frente a otras personas, hay que pensar lo mismo: que estás hablando con miembros de tu familia en la cena, y estás compartiendo con ellos algunos pensamientos, ideas o experiencias de los que disfrutaste mucho y que puede que también les gusten a ellos. Por eso se dice que nunca debes hablar de un tema en el que no creas o no te preocupe, porque es la impresión emocional la que va a conectar con tu público.

Después, planéalo y prepárate. Prepara una buena introducción, desarrolla tu charla con tres puntos clave, y ten siempre preparado un cierre. Concluye diciendo: "Lo más importante que aprendí de esta experiencia fue esto, y si yo lo aprendí, tú también puedes hacerlo. Buena suerte". Algo parecido.

Siempre hay una introducción, un desarrollo y un desenlace, y todos los libros y artículos escritos sobre hablar en público dirán lo mismo. Elbert Hubbard fue uno de los mejores autores de la historia de los Estados Unidos. Vivía en Rochester, Nueva York, y escribió libros, a veces, colecciones de libros. Yo tengo una colección de 22 volúmenes, en la que habla de grandes oradores, cantantes, exploradores, aventureros, músicos, escritores, poetas, novelistas, líderes militares...; 22 libros llenos, atascados, de historias detalladas de los mejores personajes de la historia en todas esas áreas. Y después volvió a escribir. Escribió tanto, y de forma tan prolífica, que tuvo que comprar una imprenta para publicar e imprimir todos sus libros. Todos son *bestsellers*. Incluso hoy en día se consideran reliquias, antigüedades. Y son muy profundos, contienen muchísima información.

La gente se le acercaba y le decía: "Señor Hubbard, quiero ser un gran escritor. Quiero ser un escritor como usted. ¿Cuál es la clave?" Él respondía: "La única forma de aprender a escribir es escribir sin parar". Así que cuando les doy clase a mis estudiantes de oratoria, les digo que la única forma de aprender a hablar es hacerlo sin parar. Cuando empiezas, dicen que hacen falta unas 300 charlas gratuitas antes de que puedas dar la primera remunerada.

Algunas personas, como Zig Ziglar, dicen que dieron tres mil charlas gratuitas —la mayoría en capacitaciones de ventas para personas de su compañía— antes de que nadie lo invitara a hablar a cambio de una remuneración. Así que la única forma de aprender a hablar es hablar y hablar. Cada vez que lo haces, tus miedos disminuyen y tu confianza aumenta. Enseguida alcanzas el punto en el que tienes mucha confianza al hablar. La gente te aplaude. Se fija en ti, y te da la mano después para decirte que fue un mensaje increíble. Y todos tus miedos desaparecen.

En ese momento, tu creencia es que eres un orador calificado y seguro. Si te dan el tiempo suficiente para planearlo y prepararte, puedes hacer un gran trabajo, y todo el mundo estará feliz.

## DAN

Brian, entonces, ¿podrías dejarnos un pensamiento clave sobre el poder de las creencias?

## BRIAN

Todo el mundo tiene una gran creencia negativa que lo retiene más que cualquier otro obstáculo. Te conté acerca de mis miles de horas de investigación sobre las emociones negativas. Lo que descubrimos fue que todo el mundo tiene una gran emoción negativa, una creencia negativa o una idea negativa basadas en una experiencia anterior o algo que le pasara, algo que hizo o dejó de hacer, algo que alguien dijo. Normalmente está borroso, y por eso en psiquiatría, con reuniones semanales con el paciente de 50 minutos, se tarda entre seis meses y seis años en ayudarles a salir, a identificar finalmente lo que les está reteniendo. ¿Cuál es el nudo, dónde está el bloqueo en la mente que te está reteniendo? A veces, a una persona le cuesta mucho tiempo alcanzar el punto de lucidez y valor para decirle al psicólogo: "Éste es mi problema. Esto es lo que me pasó. Así fue como reaccioné". Todos lo hemos visto en las películas.

Pero cada persona puede convertirse en su propio psicólogo. El 99% de las personas no necesita ayuda profesional. Lo que necesitan es la capacidad de reflexionar y preguntarse: "¿Cuál es la gran idea o experiencia negativa que está afectando a mis creencias?" A veces puedes hablarlo con tu cónyuge o un buen amigo, o con un entrenador, un ministro o alguien más. Pero hasta que puedas identificar ese obstáculo, esa creencia o experiencias negativas que te están reteniendo, estás bloqueado. En cuanto puedes hacerlo, te liberas. De repente eres libre, y se ha ido para siempre.

# Capítulo 4

## El problema con los objetivos: cómo lograr pasar de ponerse objetivos a cumplirlos

### DAN

Brian, te has hecho famoso en todo el mundo por enseñar a la gente no sólo a establecer objetivos y cómo apuntar hacia los correctos, sino también a cómo convertirlos en logros. Antes de pasar a lo que yo llamo el problema con los objetivos, ¿por qué no nos cuentas por qué éstos son esenciales para ser una persona motivada y exitosa durante toda la vida?

### BRIAN

Supón que, como le pasa a la gente joven, comienzas a vivir la vida con mucha confusión e incertidumbre. ¿Quién soy? ¿Qué voy a hacer? ¿Hacia a dónde voy? La gran pregunta: ¿qué hago con mi vida? ¿Qué es lo que realmente quiero hacer con mi vida?

La mayoría de la gente no tiene ni idea de nada de eso cuando es joven. Yo lo comparo con ponerse a viajar por un país desconocido sin mapa de carreteras ni señales de tráfico. ¿Cuánto te costaría llegar a cualquier parte si no tuvieras un destino claro y no hubiera mapas de carreteras ni señales de tráfico?

Imagínate que estuvieras manejando por una ciudad en el extranjero, como Londres, París o Ámsterdam, y no hubiera ninguna señal en ninguna parte. Podrías pasarte el día manejando sin rumbo. Eso es lo que hace 80% de la población: se limita a manejar sin rumbo, para acabar en casa cada noche.

Al final, llega a la conclusión de que no hay nada que pueda hacer. Ha desarrollado uno de los padecimientos más terribles de la humanidad. Se denomina "indefensión aprendida", y es una de las principales razones por las que la gente no tiene éxito, se siente indefensa, siente que no puede hacer nada. Se debe a que no ha tenido grandes éxitos en el pasado. Simplemente asumió, como dijo Shakespeare: "El pasado es prólogo". Lo que pasó en el pasado es lo que va a ocurrir en el futuro, así que pierde su entusiasmo por los objetivos.

A menudo pregunto a mi público: "¿Cuántos de ustedes tienen objetivos?" Todo el mundo alza la mano. Y digo: "Bueno, eso me sorprende mucho, porque según los estudios, sólo 3% de la gente tiene objetivos. Y aquí todo el mundo alzó la mano. Entonces, ¿cuáles son sus objetivos?"

Y les pregunto. "Bueno, yo quiero ser feliz", y algunos dicen: "Yo quiero ser rico", y otros: "Quiero encontrar a mi media naranja", "Quiero viajar", "Quiero aprender nuevas habilidades", "Quiero ganar mucho dinero" y cosas así.

Hace muchos años me di cuenta de que la gente no tiene objetivos, sino deseos. La definición de un deseo es un objetivo sin energía detrás. Yo digo que es como una bala sin pólvora en el cartucho.

La gente va por la vida disparando balas de fogueo, dispara y hace "clic, clic", porque no hay ninguna energía detrás. Por eso comencé a estudiar el establecimiento de objetivos a los 25 años. Sabemos que hay puntos de inflexión en la vida de cualquier persona; espero que este libro sea uno de ellos para algunos de nuestros lectores.

Vas por la vida y llegas a un punto en el que ocurre algo y cambias de dirección. A lo mejor llegas a una fiesta y conoces a alguien a quien no habías visto antes. Te enamoras, te casas, están juntos por el resto de su vida. A lo mejor se mudan a otra ciudad, o a otro país, y hacen su vida juntos. Si no hubieras ido a esa fiesta (y estuviste pensando si ir o no), no habrías conocido a esa persona; tu vida habría sido distinta.

Por cierto, es muy entretenido ayudar a la gente a regresar en el tiempo y encontrar sus puntos de inflexión. En mi caso, uno de los más importantes fue cuando descubrí los objetivos. Después, me di cuenta de que la gente que cree tener objetivos, en realidad sólo tiene deseos, y por eso nunca establece objetivos.

El 3% de la población tiene objetivos claros. Pero si tú crees que tienes uno, entonces no tienes la necesidad de establecerlos. "Uy, yo tengo objetivos; sé lo que quiero hacer." Además, incluso hay gente por ahí que dice que no se necesitan objetivos. Todo lo que tienes que hacer es escuchar tu corazón, seguir tus instintos, hacer lo que te apetezca hacer, pasar el rato, y todo lo demás vendrá a ti.

Yo no estoy de acuerdo en absoluto. Estas personas, o bien son unas fracasadas o ya alcanzaron el éxito estableciendo sus objetivos y trabajando en ellos con tenacidad durante 25 años.

Yo conozco los dos casos, a gente de los dos tipos. Conozco gente muy rica que, al inicio de su carrera, se partió la espalda, trabajó en sus objetivos, se levantaba temprano y se quedaba despierta hasta tarde. Luchó, se esforzó y sudó los siete días de la semana, y finalmente se abrió camino. Después, dijo: "Ay, qué lindo. En realidad, no es necesario tener objetivos. Lo único que hay que hacer es tener pensamientos felices y pensar en cosas felices, y sentarte en casa, y el dinero llegará a tu buzón", como en *El secreto*.

Los objetivos te ofrecen un camino por el que correr, te dan un sentido de dirección, una sensación de claridad. Los objetivos te permiten concentrar tus energías y enfocarte en una sola cosa. Los objetivos te permiten lograr mucho más en un año o dos de lo que mucha gente logra en cinco o 10 años.

## DAN

Hay personas que han acudido a cursos, y llevan años escribiendo listas de los objetivos que van a lograr. El problema es que hay una gran diferencia entre la idea de "voy a establecer estos objetivos" y lo que hace falta para llevarlos a cabo en serio. Todos sabemos que los gimnasios se hacen de oro durante los primeros meses del año, por la gente que tiene todos esos propósitos respecto a su salud, que acaba abandonando.

Háblanos de esa diferencia, porque la consecución de objetivos es un proceso a mucho más largo plazo. ¿Cuál es tu programa para conseguir metas a largo plazo después de haber puesto por escrito lo que realmente quieren en la vida? ¿Qué pasos hay que dar para que la gente pase a conseguir sus objetivos?

# BRIAN

Muy pocas personas van a cursos, se establecen objetivos y luego no pasa nada. En casi todos los casos, si vas a un curso o un taller y te ves forzado en cierto modo, porque todo el mundo lo está haciendo, a escribir tus objetivos y hacer planes para cumplirlos, te sorprenderás de cuánto puedes lograr y en qué poco tiempo.

Yo tengo un sencillo proceso de establecimiento de objetivos, que enseño a mi público. Transforma vidas. Elaboré este sistema basándome en años de trabajo. Soy el autor más vendido del mundo sobre objetivos en 25 países, según mi editor. Vendo libros en todos los principales idiomas en prácticamente todos los grandes países del mundo y en muchos países más pequeños, así que sé mucho del tema.

Éstos son los siete pasos más importantes. El paso número uno es sentarte con un trozo de papel en la mano y decidir exactamente qué es lo que quieres. Decide exactamente lo que quieres tener en la vida sin limitaciones. Imagínate que, sea lo que sea lo que escribas como objetivo, puedes tenerlo. El único límite en lo que puedes lograr es lo que escribas, claramente, en el papel.

Ése es el primero: sé específico. La regla es que tu objetivo debe ser tan claro y específico que pueda entenderlo un niño de seis años y que, además, pueda decirte si estás o no cerca de alcanzarlo. Por eso: "Quiero ser feliz", "Quiero ser rico" o "Quiero viajar" no pasan la prueba. Nadie podría llegar a imaginarse lo que significan exactamente. ¿Ya estás ahí, o cuánto te falta para alcanzarlo?

El paso número dos es escribirlo. Un objetivo que no está por escrito sólo es una fantasía. Como dije antes, es un deseo, una ilusión, porque hay algo sobre escribir un objetivo que desencadena lo que los psicólogos llaman "actividad psiconeuromotora". *Psico-* es tu mente; piensas en el objetivo cuando lo escribes; *neuro-* significa que le estás dando vueltas en la cabeza, y *-motora* quiere decir que estás usando la mano y el cuerpo para escribirlo.

Cuando escribes un objetivo, activas tu modalidad de aprendizaje visual, porque lo ves. Activas tu modalidad auditiva, porque te lo dices entre dientes a ti mismo conforme lo vas escribiendo, y activas tu capacidad kinestésica porque se necesita el movimiento de tu cuerpo físico para escribirlo. Existen muchísimos estudios sobre los motivos por los que los estudiantes que toman notas durante las clases tienen unas calificaciones muchísimo mejores que aquellos que no toman notas o que escriben sus notas en computadora. Cuando escribes algo, lo que estás haciendo es transferir el objetivo escrito a tu mente subconsciente, y así ésta se va a poner a trabajar incluso antes de que te levantes. Funciona las 24 horas del día para plantar ese objetivo en tu vida. Escribir tus objetivos es una de las prácticas más extraordinarias que he aprendido en la vida, un punto de inflexión importantísimo.

El paso número tres es establecer una fecha límite. Ponte una fecha determinada y dile a tu subconsciente que quieres ese objetivo antes de ese día. Si se trata de un objetivo a largo plazo, entonces divídelo en etapas. Si es un objetivo a cinco años, divídelo en cinco objetivos a un año. Después, cada objetivo anual divídelo en objetivos de tres meses, y después, en objetivos de un mes, y luego en objetivos de una semana.

Muchas personas, sobre todo en ventas y *marketing*, lo dividen en objetivos de un día. A veces, incluso de una hora. Si quiero lograr este objetivo, que consiste en tener independencia económica de aquí a cinco años, esto es lo que voy a tener que hacer cada hora de cada día. Son muy precisos, y se imponen una disciplina sólo para hacer lo que claramente está a su alcance.

Adoro una cita de Thomas Carlyle: "Nuestro mejor trabajo en la vida no es ver lo que está a una vaga distancia, sino hacer lo que está claramente a nuestro alcance". Las personas exitosas hacen lo que está a su alcance. Hacen lo más importante ahora, y lo terminan, se ponen a ello. Las personas fracasadas siempre tienen una excusa para posponerlo todo, dejarlo para después. Revisan su correo electrónico, envían un mensaje o van a hablar con alguien y a tomarse un café. En el fondo de su mente, tienen buenas intenciones. ¿De qué está lleno el camino al infierno? De buenas intenciones.

Como dijo el gran economista Ludwig von Mises: "Sólo la acción es acción. Nada de charla, nada de deseos, nada de esperanza ni intenciones, sólo la acción es acción". Ése es el tercer paso: decide lo que quieres, escríbelo y pon una fecha límite.

El paso número cuatro es hacer una lista de todo lo que podrías hacer para lograr el objetivo. Sigue añadiendo pasos a la lista hasta que esté completa.

Hay algo sobre escribir cada paso que transforma tu forma de pensar sobre el objetivo. Supongamos que tu objetivo es doblar tus ingresos. ¡Madre mía! ¿Voy a doblar mis ingresos en 12 meses?

Es algo impresionante, pero entonces, te preguntas: "¿Qué es todo lo que tendría que hacer para doblar mis ingresos?" Comienzas a escribirlo. Tengo que mejorar mis habilidades en esta área, o leer este libro, o ir a este curso, o escuchar este CD, ver este programa, meterme en YouTube y ver si puedo encontrar a alguien de los mejores vendedores dando sus ideas (algo que sí hace la gente). Éstas son las actividades que tendré que hacer cada día si quiero actualizar mis conocimientos y habilidades y lograr mi objetivo. Sólo sigue escribiéndolas. Te sorprenderá.

El paso número cinco es tomar esa lista y organizarla como un plan. La forma de hacer esto es crear una lista de control, que son uno de los grandes milagros del éxito moderno. La gente que usa listas de control logra cinco o 10 veces más metas que quienes no las usan.

Se trata de una lista de cada paso en orden. ¿Cuál es el primer paso para lograr mi objetivo? ¿Cuál es el segundo?, ¿y el tercero? Una vez di un curso en Sídney, Australia, y un joven emprendedor, de unos 26 años, se me acercó y me dijo: "No sé cómo lograr mi objetivo". Yo le pregunté: "¿Cuál es tu objetivo?"

Me contestó: "Quiero vender mi negocio. Lo empecé a los 19 años. Ya llevo siete años trabajando en él. Tiene éxito, se gana mucho dinero, pero siempre he querido viajar y ver el mundo. Quiero salir y hacer algo. Tengo 26 años, y no quiero estar trabajando durante el resto de mi vida. Sigo soltero. Sólo quiero vender mi negocio y viajar".

Le pregunté: "¿Qué has hecho hasta ahora?" Me dijo: "Hablo con la gente, le pregunto, es que no sé". Le sugerí: "Ve a la librería y cómprate un libro titulado *¿Cómo vender tu negocio?* Hay muchísimos emprendedores que han escrito libros con ese título o algo parecido. *¿Cómo vender un negocio en noventa días?*, *Claves para vender tu negocio…*"

Me preguntó: "¿Hay libros sobre este tema?" Le respondí: "Claro que sí, decenas de miles de emprendedores exitosos venden sus negocios cada año a otras personas que quieren recoger el testigo y seguir con ello". En el descanso de la comida, fue a la librería de enfrente y compró dos libros sobre cómo vender tu negocio.

Me dijo: "Nunca había visto este material. Cómo elaborar estados financieros, cómo anunciarse, cómo posicionarse, cómo encontrar grupos de interés y distintos sectores". Dos meses después, me escribió una carta. En ella, me decía: "Vendí mi negocio. Conseguí un precio excelente. Tengo todo el dinero que necesito. Mi boleto está pagado. Me voy a Europa, voy a ver el mundo. Fue increíble".

A lo que yo me refería es que si quieres vender tu negocio, lo primero que debes hacer es conseguir un libro sobre cómo vender un negocio. Si quieres doblar tus ventas, entonces consigue un libro sobre cómo aumentar las ventas. Si quieres gestionar mejor tu tiempo, entonces consigue un libro sobre ese tema.

Lo primero que haces es como poner en marcha un motor... ¡brom, brom! Pones en marcha el motor. Dar el primer paso es casi como el primer empujón cuando esquías. De repente estás moviéndote, y avanzas, y adquieres velocidad y vas más rápido. El principio del impulso entra en acción, y comienzas a sentir la sensación de progreso. Te sientes eufórico por tomar el primer paso.

Haz una lista de todas las actividades que tienes que hacer y ordénalas. El paso número seis es dar el primer paso. Creo que en la vida todos los éxitos provienen de dar el primer paso. Por eso Confucio, el sabio filósofo chino, dijo: "Un viaje de mil leguas comienza con un solo paso". Dar el primer paso es lo más difícil de todo.

A veces pregunto: "¿Cuántas personas de este público tienen libros en casa que hayan comprado y pretenden leer algún día?"

Todo el mundo. "Muy bien, pues esto es lo que harán. Cuando regresen a su casa, tomen el libro y lean el primer capítulo. Cuando compren un libro, sólo lean el primer capítulo. Si eso no hace que sigan leyendo, no pasa nada, al menos lo intentaron."

El 90% de los libros sobre negocios no se leen más allá del primer capítulo. ¿Por qué pasa eso? Porque después del primer capítulo la gente llega a la conclusión de que no son tan útiles, o tan buenos, que no están muy bien escritos. Lee el primer capítulo. El hecho de hacerte una idea y dar el primer paso transforma tu vida.

Todo éxito proviene de dar el primer paso en cualquier área. El paso número siete para establecer un objetivo, que te va a hacer rico, feliz, popular y delgado, es hacer algo todos los días relacionado con tu objetivo principal. Haz algo cada día, da igual que sea algo pequeño o algo grande. Lee algo, aprende algo, haz algo..., pero mantén la rueda girando cada día, mantén el impulso, sigue moviéndote.

El principio de impulso para el éxito también dice que, si dejas de moverte hacia tu objetivo, es muy difícil empezar a moverse de nuevo. Es muy difícil conseguir la energía, las agallas y el tiempo, y todo lo demás. Pero si sigues moviéndote hacia tu objetivo, es mucho más fácil seguir esa dirección. De todos, es uno de los mejores principios para el éxito: el movimiento constante.

Voy a compartir un ejercicio. Toma una hoja de papel en blanco y escribe 10 objetivos que te gustaría lograr en los siguientes 12 meses. Los objetivos a 12 meses son más poderosos que los de dos, cinco o 10 años. En otra hoja de papel puedes escribir que quieres ganar un millón de dólares en 10 años; también está bien.

Pero concéntrate en los 12 meses: un periodo que puedes ver, en el que puedes trabajar, concentrarte.

Anota 10 objetivos, pero hazlo usando las tres *P*. Tu mente subconsciente es casi como un niño, es simple e inocente, y sólo puede aceptar órdenes muy sencillas, como si se las dieras a un niño. Las órdenes son básicas; la primera *P* es *personal*, así que siempre conjuga los verbos de tu objetivo en primera persona: "gano", "logro", "vendo", "dirijo", "vivo en"... Sea cual sea el objetivo, debes formularlo con un verbo de acción. Eso es lo que activa tu mente subconsciente y comienza a trabajar como el motor de una motocicleta.

El segundo paso es hacerlo *positivo*. Nunca digas "dejo de fumar", "paro de fumar", "dejo de hacer esto", "pierdo tantos kilos"... Di siempre "peso tantos kilos" y así.

El tercer paso es formularlo en *presente*, porque tu mente subconsciente no puede procesar una orden a menos que sea en presente. Por eso, debes decir: "Gano esta cantidad de dinero" y después escribir en qué fecha. Pon una fecha límite, como dijimos. "Gano esta cantidad de dinero para el 31 de diciembre y el año que sea." "Peso estos kilos en esta fecha, al final de un mes determinado." A tu subconsciente le encanta la presión del tiempo.

Así, tu mente subconsciente se pone a trabajar las 24 horas del día para acercarte al objetivo y atraerlo hacia ti. Todo el mundo ha usado esto. Yo se lo he enseñado a más de un millón de personas en 75 países. Se vuelven a poner en contacto conmigo, un año, dos o tres después, y me dicen: "Cambiaste mi vida. Me hiciste rico. Lo estaba pasando fatal, no iba a ningún lado, estaba endeudado, arruinado, había perdido mi trabajo, y entonces cambiaste mi vida, me hiciste rico". Yo les pregunto: "¿Qué parte de mis materiales hizo que lograras esa meta?" Ellos me responden: "Fueron los objetivos, siempre se trata de los objetivos, el ejercicio ése".

Hace poco le presenté el mismo ejercicio a un hombre muy rico. En cuanto me fui, escribió 10 objetivos. Me dijo: "Los objetivos comenzaron a materializarse casi conforme los iba escribiendo. El teléfono comenzó a sonar, y la gente a venir. Fue milagroso". No podía creer lo rápido que logró los objetivos. Eran objetivos a un año, pero los empezó a alcanzar casi inmediatamente.

A veces, la gente dice: "¿Qué pasa si no funciona?" Yo contesto: "No, ésa es la pregunta equivocada. La correcta es ¿qué pasa si funciona? Sólo te costó un trozo de papel, una pluma y cinco minutos de tu tiempo. ¿Es para tanto?"

En mis cursos, siempre digo: "Imagínense que tenemos una varita mágica y que tarde o temprano pueden conseguir todos los objetivos que escribieron si siguen deseándolos lo suficiente. Pero con esta varita mágica disponen de un deseo especial. Pueden logar cualquiera de las metas de esa lista en 24 horas. La pregunta es: ¿cuál de esos objetivos, si lo lograran, tendría el impacto más positivo en su vida? ¿Qué objetivo, si lo lograran en 24 horas, cambiaría su vida más que cualquier otro?"

En los objetivos, pueden encontrarse aportaciones y resultados. Una persona quiere tener una gran casa, pero lo que le permitiría tenerla sería un determinado nivel de ingresos. Entonces, dice: "Gano esta cantidad de dinero para poder tener esta casa, este carro y hacer este viaje", y todo eso.

Comienza con un objetivo que vaya a tener el mayor impacto positivo en todos los demás. Rodéalo con un círculo, y después toma otra hoja de papel y escríbelo. Positivo, en presente y personal: logro este objetivo en esta fecha. Después, haz una lista de todo lo que puedes hacer para lograr ese único objetivo, y ordénala. ¿Qué vas a hacer primero? ¿Y en segundo lugar? Y así. Por último, actúa sobre tu lista y haz algo cada día.

Si haces eso, transformarás tu vida casi como un milagro. He compartido este ejercicio con uno o dos millones de personas. Ni una sola persona me ha dicho que no funciona. Sólo regresan a mí con historias extraordinarias después de años de lucha: de repente son ricos. De pronto tienen casas hermosas y sus negocios crecen, y han conocido a mucha gente; han viajado y están aprendiendo otros idiomas.

Cuando regresan, están que no se lo creen. No pueden creerse lo poderoso que fue. Es casi como si les hubiera alcanzado una especie de rayo positivo.

Si sólo pudiera dar un consejo a la gente, sería éste: escribe tus objetivos con este método. Ya hablamos antes sobre la responsabilidad personal. Aceptarla es el punto de partida para convertirse en un adulto. Un buen amigo mío dice que hasta que no aceptas la responsabilidad, sigues siendo un niño. Sigues echándole la culpa de todos tus problemas a alguien más. Cuando cruzas la raya y aceptas la responsabilidad, te conviertes en adulto por primera vez.

La siguiente pregunta es: ¿responsabilidad por qué? La respuesta es: por tus objetivos. Ahora, debes decir: "Está bien; soy responsable. ¿Qué voy a hacer con toda esta responsabilidad? Voy a lograr estos objetivos".

## DAN

Es genial. Supongamos que eres alguien que logró algo muy significativo. Pienso en personas que tienen mucho éxito y están muy centradas en los objetivos desde muy jóvenes. Después, pierden su motivación para tener éxito a una edad más madura.

Por ejemplo, el famoso que tuvo mucha fama como actor adolescente. Normalmente les dura la fama hasta los 20 o los 30, y a los 40 están arruinados y son adictos a las drogas, o algo parecido. También está el caso de los atletas que están en los primeros puestos hasta los 30, y después de retirarse, después de los 50, se suicidan o están arruinados. Hay muy pocas personas como Roger Staubach, deportista que después tuvo una gran carrera empresarial.

¿Por qué pasa esto? Háblanos cómo refleja esto el hecho de que el proceso de consecución de objetivos debe seguir durante toda nuestra vida. Puede ayudarnos a reinventar nuestra vida cuando sea necesario en distintos momentos.

## BRIAN

Para empezar, soy probablemente el único autor del mundo que ha escrito sobre el tema de la reinvención. Publicado por la American Management Association de Nueva York, se titula *Reinvention* (*Reinvención*), y habla sobre lo que tienes que hacer cuando cambia tu vida, cuando hay confusión, cuando tu carrera termina o tu sector desaparece. ¿Cómo reinventarse? Tienes que regresar a escribir tus objetivos. ¿Qué haría si mi vida fuera perfecta? ¿Qué haría distinto de lo que hago en la actualidad? ¿Dónde quiero estar dentro de cinco o 10 años?

Hay distintos motivos y distintas categorías para explicar por qué la gente se derrumba después de tener éxito a edad temprana. En el caso de los actores y las actrices, 95% está desempleado en un momento dado. Para conseguir trabajo como actor o actriz hace falta un tremendo golpe de suerte. Tienes que conocer a las personas adecuadas, estar en el lugar adecuado en el momento adecuado, conseguir cientos de papeles menores para conseguir un papel más importante. Y debes hacerlo excelente para que te den un papel secundario. Y después, debes hacerlo todo muy bien y, aun así, es muy posible que no trabajes durante los siguientes cinco años.

Hay muchísimos tipos de actores que no han trabajado en cinco años, y sin embargo sus gastos siguen subiendo. Recuerdo a James Caan, que consiguió un Oscar por *El Padrino*. Se volvió muy selectivo. Su agente le llenó la cabeza de pájaros, y le dijo que era tan bueno y tan famoso que sólo tenía que aceptar los mejores papeles, y por eso rechazó algunos de los mejores protagónicos de Hollywood. Rechazó aparecer en *Tootsie*. Era la primera opción para interpretar a Tootsie, que ganó dos Oscares. Rechazó un par de papeles como ése, y terminó viviendo en un departamento de un dormitorio con dos perros en Hollywood, porque se quedó sin dinero.

Y claro, sin dinero, no te invitan a fiestas. Si no tienes ningún papel, no te invitan. No puedes viajar y vas sobreviviendo día a día, semana a semana, haciendo audiciones para un papel, el que sea, porque es la única forma que tienes para ganar dinero. ¿Qué pasa con la gente del espectáculo cuando su carrera se desvanece?

A veces, pueden molestar a alguien, y esa persona los mete en una lista negra y nadie los vuelve a contratar, porque dijeron o hicieron algo indebido, ocurre todo el tiempo. Entonces, la única habilidad que los sacó del hoyo en primer lugar fue su capacidad de actuar, y no hay trabajo.

Eso es lo que provoca que la gente vaya cuesta abajo. Además, en Hollywood, en la industria del entretenimiento, están rodeados de drogas. Es tan fácil conseguirlas como comprar un chicle. Y la gente se entera de que ese tipo consume drogas, cocaína y otras sustancias. Será mejor que no te juntes con él. Si vas a invertir millones de dólares en una película, no puedes arriesgarte a que uno de los actores no se presente a las grabaciones y todo eso. Cuesta una fortuna. Y por eso, su carrera se va al hoyo.

La mayoría de los actores y actrices tienen problemas de autoestima. Están compensando algo que les pasó cuando eran niños. Están tratando de escapar de eso mediante la adulación de personas desconocidas, gente que nunca los había visto antes y a los que nunca volverán a ver. Estas personas se arrastrarían por cristales rotos con el fin de agradarles; por eso se vuelven arrogantes, condescendientes y ridículos.

En cuanto a los deportes… sobre todo son los pobres los que se meten a practicar deportes. Incluso aunque tengan éxito, el cuerpo sólo aguanta un determinado periodo. Nunca han desarrollado otras habilidades, así que no pueden hacer nada. Hay algunas personas como Roger Staubach: mientras juegan, siguen aprendiendo, toman cursos adicionales cuando se acaba la temporada. Planean su carrera para cuando terminen de jugar futbol, ahorran dinero y lo invierten cuidadosamente. Cuando termina su carrera, lo que acaba pasando tarde o temprano, están listos. Tienen nuevas oportunidades, ofertas de trabajo, ya habían comenzado con sus planes de transición.

Los emprendedores constituyen un tema interesante. Nunca oirás sobre su adicción a las drogas ni su alcoholismo, o que se hundan en la apatía ni nada de eso en Silicon Valley.

¿Por qué pasa eso? Es porque están muy ocupados todo el tiempo. Están activos: tienen objetivos. Están dando pasos adelante; están logrando cosas; van cambiando de producto a producto y de compañía a compañía, comenzando proyectos nuevos y cerrando los viejos. Estoy seguro de que hay mucha droga, al igual que alcohol, pero no se oye nada de gente que gana mucho dinero en el mundo de la alta tecnología que de repente se desmorone y se convierta en drogadicta sin esperanza. No, sigue metida en proyectos nuevos. Es así: tuve éxito, y lo tuve gracias a mis grandes esfuerzos. Tuve éxito compitiendo con miles de otras personas, y quiero competir. Está rodeada de personas positivas, optimistas y motivadas, que tienen objetivos, energía y todo lo demás.

Pasa lo mismo con los emprendedores. Muy pocas veces se ve a un emprendedor con éxito que gane dinero, se vuelva exitoso y después se derrumbe. Están en la cresta de la ola. Trabajan, van y vienen; hacen cosas nuevas. He conocido emprendedores billonarios y multimillonarios. Sólo piensan en su próximo negocio, su próxima oportunidad, su próximo producto, su próximo servicio. No se derrumban y se ponen a beber.

Piensa en un candidato presidencial, cuyo nombre no voy a mencionar. No fuma, no toma —nadie en su familia fuma ni bebe—, hace ejercicio, vive una vida sana y todo eso. Llevan décadas siendo ricos, sin ningún indicio de que vayan a derrumbarse.

Lo que te hace seguir adelante es que siempre tienes algo que desear. Lo más importante en la vida es siempre tener algo que desear. Cuando la gente no tiene nada que desear, pierde la esperanza. Ésta es realmente el gran motivador del ser humano. La esperanza de un mejor futuro gracias a los esfuerzos personales.

## DAN

Impresionante. Además, eso evoca la genialidad del comentario de Earl Nightingale: ese éxito es la realización progresiva de un objetivo valioso. Cambia tu paradigma, porque si la gente piensa: "En cuanto logre ese objetivo, seré un éxito", y se queda con ese pensamiento, ya no será un éxito, porque se queda colgado de los logros pasados; no está trabajando en nada más.

Esto nos sirve a todos para recordar que incluso cuando tenemos mucho éxito y el mundo entero nos lo reconoce, tenemos que estar constantemente reinventándonos. Debemos seguir con este proceso durante toda nuestra vida.

Me pregunto si podrías contarnos una historia o dos de personajes famosos a los que hayas conocido. No tienes por qué decir nombres. Personas que carecían de motivación o enfoque en un principio, y después usaron tu sistema de consecución de objetivos para lograr un nivel de éxito con el que jamás se habían atrevido a soñar. Es sólo para que nuestros lectores vean que este sistema no discrimina. Cualquier persona que lo ponga en marcha, sin importar su pasado ni las ventajas con las que empiece en la vida, también podrá tener éxito si sigue este sistema escrupulosamente.

# BRIAN

Es una gran pregunta, porque en cada curso que doy se me acerca gente a montones que ha estado ya en otros de mis cursos anteriores. Cuenta historias maravillosas. Casi siempre, como con el ejemplo que te di del joven que hizo la cinta de video, es que aprendieron la importancia de la autoestima. Aprendieron que podían controlar su propia autoestima. Que podían regularla, y que podían aumentarla simplemente repitiendo "me gusto" con entusiasmo y convicción.

A mi público le enseño que, por las mañanas, al levantarse, deben decir: "Me gusto y amo mi trabajo. Me gusto, amo mi trabajo". Como un tren cuando se pone en marcha: "Me gusto, amo mi trabajo". Es imposible decir esto durante más de un par de segundos sin empezar a sonreír y que la sangre empiece a bombear hacia el cerebro, liberando endorfinas. Simplemente, te sientes feliz.

Hablaremos de esto después, pero hablar con uno mismo, o decir afirmaciones, es extremadamente poderoso. Es parte de la psicología positiva; lleva siglos entre nosotros. Solamente que en la actualidad le han cambiado la envoltura y lo llaman de forma distinta.

La gente normal habla consigo misma en lo que se denomina diálogo interior, a una velocidad de unas mil 500 palabras por minuto. Fluye como un río lleno de rápidos. Si no se tiene cuidado, ese diálogo interior será negativo. Hablarás de aspectos que te enojan, que te preocupan, de gente que te molesta, y cosas así.

Tienes que intervenir en el diálogo, detenerlo intencionalmente, y hablar contigo mismo de forma positiva. La configuración predeterminada de cualquier cerebro humano es pensar en sus preocupaciones y sus dolores. Hay que cambiar esa configuración predeterminada, y para ello tienes que hablar contigo mismo sobre cómo quieres ser y qué quieres lograr.

Tengo muchos ejemplos, y ninguno es negativo. Gente que inicia un negocio, que lleva mucho tiempo luchando, se me acerca y me dice: "Doblé mis ingresos", "tripliqué mis ingresos". Yo solía enseñar un proceso de siete pasos para aumentar los ingresos 10 veces en 10 años. Conozco personas de todo el mundo que aprendieron ese proceso. Dicen que no les llevó 10 años, sino cinco o seis. 10 era demasiado conservador.

Yo les contestaba: "Sé que se logra en mucho menos tiempo que en 10 años, pero esa cifra es más fácil de creer". Decían que simplemente practicaban todos los días. La fórmula, por cierto, es muy sencilla: párate cada mañana una hora antes y lee para actualizar tus habilidades. Los ricos leen una hora o dos cada día. Los pobres no leen nada en absoluto, a menos que sean periódicos.

El segundo paso es escribir tus objetivos, de nuevo, todos los días, en un cuaderno de espiral. Todos los días, sin mirar la página anterior, vuelve a escribir tus objetivos principales, sólo reprográmalos en la mente.

El tercer paso es planear cada día con antelación. Aumentarás tu productividad 25% simplemente haciendo una lista de todo lo que tienes que hacer antes de empezar.

El cuarto paso consiste en concentrarte y enfocarte en tu tarea más importante. Aumentarás tu productividad de 50 a 100% simplemente por empezar y terminar tu tarea más importante en primer lugar cada mañana. Es uno de los grandes principios para el éxito en la historia.

El paso número cinco es hacerse dos preguntas después de cada llamada: ¿qué hice bien? ¿Qué haría distinto? Después de cada acontecimiento importante, hay que hacer un informe posterior: ¿qué hice bien? ¿Qué haría distinto? Si lo haces, si capturas tu experiencia en papel, aumentarás tu velocidad de aprendizaje unas cinco o 10 veces.

En lugar de tardar años en llegar al punto en el que tendrás muchísimo éxito, podrás hacerlo en un año, simplemente al recapitular brevemente tu actividad anterior, fuera ésta una presentación, una llamada de ventas, una negociación o una reunión con un banquero. ¿Qué hice bien (porque siempre hay algo) y qué haría distinto si fuera a hacer eso la próxima vez?

Yo las llamo las preguntas mágicas, porque las respuestas son ambas positivas. Al escribir tus respuestas, las programas en tu mente subconsciente, y pasan a formar parte de tu sistema operativo permanente.

El sexto paso es escuchar programas todo el tiempo que puedas, todo el que estés en movimiento. Apaga la radio. Antes, decíamos: escucha cintas de audio, después, escucha CD, pero actualmente, escúchalos en tu iPhone. Hoy en día se pueden tener cientos de horas de los mejores programas de aprendizaje en audio en el mundo. En lugar de escuchar música, haz que el tiempo que pasas manejando se convierta en aprendizaje. Convierte tu carro en una universidad sobre ruedas. No dejes de asimilar nueva información.

Yo me sorprendo cada día, incluso ayer. Iba manejando escuchando una entrevista a una persona exitosa, y me enteré de un par de joyas. Después, oí otra entrevista y dije: "Bueno, aquí hay una idea, otra joya". Esta información es valiosa. Te prometo que estará metida en mi próximo curso del sábado en Budapest. Estas ideas son geniales, y una idea puede cambiar toda tu vida.

El último, el séptimo paso, es tratar a todo el mundo que conozcas como si fuera un cliente de un millón de dólares. Trata a todo el mundo que conozcas como si fuera la persona más importante del mundo. Trátalos con elegancia, con respeto, con amabilidad, cordialidad, genialidad y cortesía. Sé muy amable con la gente.

Las personas más exitosas son descritas por los demás como personas amables. En cualquier idioma, en cualquier cultura, en cualquier nacionalidad, las personas más exitosas son descritas como amables. Sólo sé amable con la gente y se te abrirán todas las puertas de las oportunidades.

## DAN

Brian, eso fue un resumen excelente, pero si hubiera un pensamiento que fuera esencial en este capítulo sobre objetivos y cómo lograrlos, ¿cuál sería?

## BRIAN

Es uno de los grandes principios para el éxito. Leí un libro de 800 páginas escrito por un tal Orison Swett Marden, que fue un empresario en los años 1890. Decidió sentarse a escribir un libro sobre el éxito porque había mucha gente obteniéndolo; Estados Unidos estaba en auge.

Se sentó a escribir un libro llamado *Pushing to the Front*.

Había perdido su negocio y su dinero, y estaba viviendo en

un cuarto arriba de un establo, con caballos y carretas. Cuando terminó el libro, pilas y pilas de hojas manuscritas, fue muy feliz. Salió a la calle a premiarse con un buen filete para cenar. Bajó paseando por la calle y se compró una cerveza para acompañar su filete, y se sentó a comer. Mientras estaba allí, oyó gritos en la calle y una alarma de incendios. El establo se quemó hasta los cimientos, y todo su manuscrito desapareció con él.

Todo su libro trataba sobre gente que había comenzado con nada, y gracias a una gran perseverancia y arduo trabajo, había logrado mucho éxito. Se quedó ahí sentado y dijo: "Al carajo con esto". Después, dijo: "Un momento, ¿qué es lo que escribí en mi libro?"

Las dos claves para el éxito, dijo, son la acción y la tenacidad. Acabo de terminar un libro titulado *Get Going and Keep Going (Ponte en marcha y sigue adelante)*. Todo lo demás en medio es el proceso. La clave para el éxito es establecer un objetivo y después ponerse en marcha y seguir adelante, y no parar hasta lograrlo.

Regresó y todo se había esfumado. Estaba totalmente desamparado, y sólo tenía un poco de ropa. Tomó la ropa, se mudó a otra ciudad y consiguió otro trabajo. Se puso a reescribir el libro desde cero, de memoria. Reescribió todo el libro. Durante ese tiempo (eran los primeros años de la década de 1890), el país había entrado en una depresión. A nadie le interesaba ya todo eso.

Fue a una reunión en alguna parte, y alguien dijo: "Alguien debería escribir sobre estos principios de éxito para poder volver a poner en pie este país". Él replicó: "Yo he escrito un libro sobre eso, pero no he podido encontrar a nadie que lo publique". El otro hombre dijo: "Tengo un par de amigos editores. Déjame echarle un vistazo al manuscrito".

Eso hicieron, y les pareció muy buen material. Es uno de los mejores libros sobre el éxito que se han escrito jamás… muy inspirador. Lo publicaron con el título *Pushing to the Front*.

Se convirtió en el libro más vendido en los Estados Unidos. Dicen que fue el libro que por sí solo hizo entrar a ese país en el siglo xx. Su última recomendación fue "ponte en marcha, sigue adelante". Eso es todo.

En la década de 1890, Marden fundó la revista *Success*, y escribió una serie de libros sobre el éxito. Si puedes encontrar esos libros en la actualidad, son alucinantes. Son algunos de los mejores libros sobre éxito personal y empresarial que se han escrito jamás.

# Capítulo 5

## El poder de la acción correcta y la flexibilidad: por qué "sólo hazlo" no es suficiente en la actualidad

### DAN

Ahora vamos a hablarle a la gente de una cualidad que siempre ha sido importante para el éxito, pero probablemente nunca tanto como en el mundo actual en el que vivimos, y se trata de la flexibilidad.

Para preparar el terreno, quiero hablar de por qué la máxima de Nike de "Just do it" (sólo hazlo), que comenzó en los años ochenta con Michael Jordan, es insuficiente para seguir motivado y eficaz en la actualidad, debido a que este mundo está interconectado a nivel mundial y cambia con rapidez. Me refiero al hecho de que las acciones que llevamos a cabo para conseguir nuestros objetivos hoy en día pueden volverse ineficaces o irrelevantes el año que viene si no nos mantenemos al tanto de las tendencias. También estoy pensando en la gente de los negocios que establece un objetivo y sale a lograrlo, pero no se ajusta a las tendencias cambiantes de la cultura, el mercado y todo lo demás.

¿Puedes hablarnos de esta idea de la acción correcta y la flexibilidad, la idea de que tenemos que irnos adaptando por el camino y permanecer atentos al efecto que causan nuestras acciones a la luz de los cambios que se producen a nuestro alrededor?

## BRIAN

Para empezar, la disposición y capacidad de actuar para lograr tus objetivos es la cualidad más importante de todas. El mundo está lleno de personas con talento, con sueños y fantasías, pero no actúan. Siempre tienen una excusa para no hacerlo aún. Actuar es muy importante.

Déjame abrir un paréntesis, como dije en mi sistema *Actúa y después haz algo cada día*, cuando actúas, pasan tres cosas. La primera, recibes comentarios inmediatos de tus acciones, lo que te permite cambiar el curso y la dirección. La segunda es que recibes más ideas, y éstas siempre son para más acciones que puedes llevar a cabo para avanzar con mayor rapidez. Y la tercera, tu confianza en ti mismo sube, al igual que tu autoestima. Consigues estos tres beneficios por actuar, y no consigues nada por quedarte sentado en el sillón. Por eso es importante actuar.

Lo que hemos descubierto en psicología es que una vez que te has decidido a lograr un objetivo, la primera acción aparecerá sin más, casi como una luz en el suelo de un club nocturno. La primera acción siempre será clara. El primer paso siempre se puede ver. Si das el primer paso, el segundo aparecerá. Y si das el segundo paso, el tercer paso aparecerá.

Ahí te va un interesante descubrimiento, como solía decir mi amigo Charlie Jones: nada funciona; al menos, no la primera vez. Así que cuando actúas hacia un objetivo determinado, puedes estar seguro de que no va a funcionar. Peter Drucker dice que necesitas al menos cuatro repeticiones en tu dirección hacia un nuevo objetivo antes de dar con la correcta.

Acabo de leer un estudio en *Harvard Business Review*. Una compañía trató 15 métodos distintos, 15 modelos de negocio distintos en un negocio nuevo y un producto nuevo, antes de descubrir el que funciona. Lo único que importa en la vida es: ¿funciona, te está dando los resultados que esperabas? La gente puede enamorarse de una forma de actuar incluso antes de que haya funcionado. Peter Drucker dijo: "Si el público estadounidense supiera cuántos errores se cometen en la sala de dirección por culpa del ego de los directivos, habría revueltas en las calles".

En Silicon Valley tienen compañías sin ingresos, que son aquellas que nunca han vendido nada. Estas personas están tratando de vender acciones o de conseguir dinero. A veces, las compran, como Facebook compró Instagram. Pagan millonadas de dólares por compañías que nunca han generado un centavo.

Lo fundamental es actuar y después recibir comentarios. Ésta es una cualidad de quienes tienen un rendimiento máximo: siempre actúan y reciben comentarios. La regla es: consigue una idea, actúa, falla pronto, aprende rápido y vuelve a intentarlo. Vuelve a completar el círculo. Repite. Consigue una idea, pruébala, recibe comentarios, comete un error, aprende y vuélvelo a intentar. Es un ciclo sin fin. Jim Collins lo llama "el bucle de la fatalidad". Sigue cometiendo errores, aprendiendo lecciones y cometiendo errores, y al final comienza a moverse más rápido cada vez. Cualquier persona exitosa ha cometido una cantidad enorme de errores, como ya dijimos.

Comienzas con una dirección, das tu primer paso, comienzas a moverte hacia el objetivo y recibes cometarios, que usas para cambiar tu manera de actuar.

El mismo artículo de *Harvard Business Review* mencionó otra empresa que había llevado a cabo 34 cambios en su modelo de negocios antes de que diera en el clavo. Drucker solía decir cuatro, pero eso fue, creo, en los viejos tiempos. Hoy en día son 10 o 15. Un negocio muy exitoso hizo 99 intentos, 99 repeticiones distintas en la *start-up* de bajo costo, aunque era muy pequeña. Inténtalo, aprende, cambia. Inténtalo, aprende, cambia. Inténtalo, aprende, cambia. Porque el ego, la indefensión aprendida y la zona de confort siempre están luchando contra nosotros, siempre intentamos algo y, si no funciona, nos damos por vencidos. "Debió de ser la idea equivocada." No, vuelve a intentarlo. Vuélvelo a intentar. Y otra vez más. Sigue adaptándote.

Por eso es tan importante ser flexible. Conoces la maravillosa cita de Charles Darwin: "No es la especie más fuerte la que sobrevive, ni la más inteligente, sino la que más se adapta a los cambios".

En los años noventa un importante instituto de Nueva York hizo un estudio, y preguntó: ¿cuál sería la cualidad más importante para el éxito en los negocios en el siglo XXI? Se fijó en todas las cualidades (visión, valor, ambición, persistencia, innovación…), pero la cualidad número uno es la flexibilidad; flexibilidad, o la voluntad de ser flexible frente a situaciones o circunstancias cambiantes. ¿Cuál es un buen indicador de que necesitas ser flexible, que necesitas adaptarte, que necesitas cambiar tu forma de actuar? La respuesta es: no está funcionando. No estás obteniendo los resultados que esperabas. Así que eso significa volver a la página en blanco.

# DAN

Entonces, el hecho de que hayas obtenido un resultado que no haya funcionado la primera o la segunda vez no es necesariamente un motivo para desanimarse. Es un motivo para aprender, adaptarse y volver a actuar.

Quiero relacionar esta idea de acción correcta con el concepto de adaptabilidad y flexibilidad y por qué estas dos cualidades son vitales para el éxito en el mundo actual. Eso me trae a la mente el ejemplo del árbol de bambú. He tomado estos siete principios del sitio web Presentation Zen. Hay siete lecciones del bosque japonés, siete lecciones del árbol de bambú y lo que nos puede enseñar sobre ser flexibles en el mundo moderno actual. Voy a exponer cada uno de ellos y después te haré extrapolar ese principio en relación con una persona y su vida.

El primero de los siete ejemplos es que un árbol de bambú se dobla, pero no se rompe. Es flexible, pero tiene unas raíces firmes. ¿Cómo trasladarías eso a una persona?

# BRIAN

Harvard hizo un estudio entre los líderes, y les preguntó sobre sus mayores fracasos y cómo los sobrellevaron. Varios cientos de directivos se quedaron con la mirada perdida, y dijeron: "Realmente, nunca fallamos en esta compañía". "Sí, pero lanzaste este producto o este servicio, y nunca funcionó." Dijeron: "No, no, esos no fueron fracasos. Sólo fueron experiencias de aprendizaje. Nunca fracasamos. Sólo aprendemos cosas". Algunas fueron experiencias de aprendizaje caras, difíciles y dolorosas, pero los líderes siempre ven una situación como una experiencia de aprendizaje.

Regresando al árbol de bambú, las raíces son absolutamente inamovibles, es la creencia de que vas a tener éxito tarde o temprano, y de que sólo es un contratiempo a corto plazo. Sea lo que sea lo que te esté pasando, si no funciona, no pasa nada. Respira hondo, da un paso atrás y haz otra cosa.

## DAN

Así que con todos los cambios que se están dando en el mundo, tenemos que ser flexibles. Pero aún así, seguimos necesitando unos fuertes principios básicos bien arraigados.

¿Podrías hablarnos de la diferencia entre comprometerse con un principio básico, que es una verdad atemporal, y adaptarse a una situación? ¿Cuál es la diferencia entre esos dos términos? En otras palabras, no se es necesariamente flexible con los principios básicos fuertes. ¿Estás de acuerdo con eso?

## BRIAN

Los estudios muestran que los líderes son muy claros con sus valores, y nunca los comprometen. He escrito 20 libros sobre gerencia, y probablemente habré leído 200 o 300 (o dos mil o tres mil) libros con el paso de los años, y siempre se reduce a lo mismo: integridad. Esta última significa ser coherente con los valores que acordaste.

El empresario Guy Kawasaki dice que lo primero que haces cuando inicias un negocio es reunirte con las personas clave y preguntarles: "¿En qué crees? ¿Cuáles son los valores fundamentales? ¿Cuáles son los principios sólidos sobre los que vamos a trabajar?"

Normalmente, los principios son muy sencillos, y no son más de tres a cinco. Son cosas como la integridad absoluta, tanto interna como externa; los productos de gran calidad que respaldamos; un compromiso con el servicio al cliente; un compromiso con el desarrollo de las personas, o tener buenos resultados con las personas. En una gran compañía con la que trabajé, la rentabilidad era la número cinco. No estamos en los negocios para perder dinero, pero el principio más importante siempre va primero y domina los siguientes. El segundo principio domina los menores. Así que siempre debes organizar tus principios en secuencia.

Recuerdo haber hablado con Tony Robbins sobre cómo tu valor superior tiene prioridad sobre todos los demás. Supongamos que tu deseo de tener éxito, de ganar mucho dinero, es muy grande, pero tu miedo al fracaso y a cometer errores es ligeramente superior. La emoción más intensa acabará dominando a la menos intensa.

Así que elige tus valores. Un ejemplo que uso a veces: imagina que conoces a dos hombres en una fiesta, y cada uno de ellos tiene los mismos valores. Los valores del primer hombre son la familia, la salud y el éxito. El segundo hombre tiene los mismos tres valores, pero los suyos son el éxito, la familia y la salud.

¿Habría alguna diferencia entre estas dos personas? ¿Sería una pequeña o una gran diferencia? La diferencia sería enorme. Una persona que antepone a su familia frente al éxito o cualquier otra cosa va a ser muy distinta a otra que antepone el éxito frente a todo lo demás.

Recuerdo un amigo que tenía. Estaba casado, con hijos; era un tipo simpático, muy exitoso, muy inteligente. Recuerdo que estábamos en su casa, éramos seis u ocho personas, parejas, y hablábamos de negocios. Él dijo: "Bueno, de algo estoy seguro. Mi éxito financiero tiene prioridad ante mi familia o cualquier otra cosa". Y recuerdo que miré a su esposa. Su mirada era fría y firme; se veía sorprendida.

Antes de que terminara, ella murió de cáncer, principalmente causado por estrés, el hijo era alcohólico, la hija había quedado embarazada y se había mudado, y el hombre acabó con una segunda esposa y arruinado. Se mudó a una pequeña ciudad en Arizona, donde vive en la actualidad. Brillante, inteligente, listo, pero cada vez que se le daba un empujón, el dinero iba primero, no la amistad, ni la reputación, ni ninguna otra cualidad.

Por eso es muy importante pensar en cuáles son tus valores, que son tus raíces. Hay 54 valores que puedes tener, y un par de mis libros tienen páginas de los valores entre los que puedes elegir. Pero siempre les he dicho a mis hijos que los dos valores más importantes son aceptar la responsabilidad y decir siempre la verdad. Si tienes esos dos valores, los demás se pondrán en su lugar de manera natural.

Y mis hijos… estoy muy orgulloso de ellos: son famosos entre sus círculos sociales por no mentir ni exagerar nunca. Siempre dicen la verdad. Y nunca culpan a nadie más. Siempre aceptan la responsabilidad.

Son felices, populares y exitosos, y tienen una vida maravillosa. A su alrededor hay alcohólicos, desempleados y personas que se dedican a actividades dudosas o se drogan. Estos chicos la están pasando muy bien, porque son responsables y siempre dicen la verdad.

## DAN

Alucinante. La segunda cualidad del árbol de bambú es que lo que parece frágil es fuerte. El bambú no se ve impresionante, pero soporta fríos inviernos y veranos extremadamente cálidos, y es el único árbol que queda en pie después de un tifón. ¿Cómo puedes relacionar esa idea con que una persona sea flexible en la vida?

## BRIAN

En el maravilloso libro de Jim Collins titulado *Good to Great*, analizó algunas compañías que habían sido promedio durante mucho tiempo y luego se convirtieron en grandes empresas, líderes mundiales. Descubrió que, para cada una de ellas, el punto de inflexión en su camino hacia la grandeza fue cuando nombraron lo que él llamó un "líder de nivel 5". Esta persona no era alguien que saliera en los periódicos, la prensa ni los programas de entrevistas. Solía ser alguien muy tranquilo, de trato fácil, con un enorme compromiso con el éxito del negocio, a quien le encantaba el negocio y también con unos valores morales muy elevados. Éstos se extendían por toda la compañía: personal de calidad, relaciones de calidad, clientes de calidad, productos y servicios de calidad, y la absoluta determinación y compromiso con la excelencia.

Debido a esto, toda la compañía se transformó. Unas se convirtieron en algunas de las mejores empresas del mundo. Además, según los estudios, éstas fueron las más flexibles en cualquier situación económica. Siempre tenían reservas de efectivo. Siempre estaban dispuestas a cambiar su estrategia. Siempre estaban dispuestas a retirarse si la economía se hundía. Así que seguían adelante y seguían haciéndose fuertes... grandes, muy respetadas y rentables año tras año.

## DAN

Recuerdo que leí lo mismo sobre el líder de nivel 5. Es una representación perfecta de esta idea de que lo que se ve débil es, en realidad, fuerte. Pero a corto plazo, los medios de comunicación tienden a concentrarse en los directivos famosos, los Mark Cuban del mundo.

Las personas de las que hablaba Jim Collins eran quienes están tras bambalinas que, como dices, aman la compañía. Hacen su trabajo con diligencia día tras día. No están en los titulares. Siempre ponen a la compañía por encima de sí mismas. Debido a eso, y porque han construido esta base de éxito y confianza dentro de la organización, son fuertes.

La tercera cualidad del árbol de bambú es que siempre está listo. El bambú es un material que necesita muy poco procesamiento o acabado. ¿Cómo relacionarías eso con una persona o una compañía?

## BRIAN

Acabo de leer un artículo de Charlie Munger, que es la mano derecha de Warren Buffett y multimillonario por ello, y amigo suyo desde hace años. Charlie Munger dijo: "Si no estás aprendiendo y creciendo constantemente en el mundo actual, no tendrás ninguna posibilidad en el futuro".

Warren Buffett es el segundo o tercer hombre más rico del mundo. Sería el más rico si no le hubiera dado 22 mil millones de dólares a Bill Gates para su fundación. Comenzó sin nada, fue creciendo y se pasa 80% del tiempo cada día leyendo. Carlos Slim, el cuarto o quinto hombre más rico del mundo, también se pasa 80% de su tiempo leyendo.

Estas personas leen sin parar y aprenden. Llenan su mente con nueva información e ideas en todas las áreas que son importantes para su negocio. En consecuencia, toman decisiones brillantes año tras año. Invierten en industrias, o en partes de éstas, o adquieren aquellas a las que nadie estaba mirando. Siempre son titulares de primera plana: "Buffett compra esta compañía o esta otra". Resultó que esa compañía tenía activos ocultos y un tremendo potencial para ser mucho más rentable. Nadie más lo había visto, pero gracias a su lectura, al estudio y a sus conversaciones con la gente, logró tener esos increíbles conocimientos.

Así que cuando se dice que hay que estar siempre preparado, significa que hay que estar aprendiendo constantemente. Deberías estar al día con todo lo que pase en tu campo. Tengo un curso llamado *Maestría en Administración de Empresas en dos días*, que es un curso intensivo y práctico en gestión de empresas. Tengo otro curso llamado *Reinvención del modelo de negocios*. También es un curso intensivo de dos días. Cubre 12 partes de un modelo de negocios y ofrece un modelo de beneficios para cualquier negocio. Te enseña que si tus ganancias bajan por cualquier motivo, eso significa que una de esas partes o elementos en el sistema está roto o es obsoleto. El mercado ha cambiado. Fuera lo que fuera lo que estuvieras haciendo para generar beneficios no está funcionando, y el problema es que estás en una zona de confort.

Yo doy a la gente todas esas ideas y es increíble: 80% de esas personas regresa y transforma sus negocios. Dicen que ese material es alucinante. ¿Pero quién viene a esos cursos? Los mejores empresarios de cada comunidad. Los mejores gerentes. Los mejores emprendedores. Las personas más exitosas, cuyo tiempo es muy valioso. Están ahí, y están al frente, y tomando notas, porque reconocen que si no siguen actualizando sus habilidades con la información más actual posible sobre el éxito en los negocios, se quedarán por detrás de sus competidores, quienes sí se mantienen al día con sus habilidades.

## DAN

Excelente. La cuarta cualidad del árbol de bambú es que da rienda suelta a su poder de recuperación.

## BRIAN

Una de las cualidades más importantes para el éxito es la resiliencia, que se define exactamente como la capacidad de recuperarse cuando algo sale mal.

Enseño este concepto una y otra vez: eres tan libre como tus opciones bien desarrolladas. En la vida, si sólo tienes una opción, si sólo puedes hacer un trabajo, o sólo tienes una habilidad, estás atrapado. Si algo cambia, si pierdes un trabajo, si tu habilidad se vuelve obsoleta, situaciones que pasan, si tu capacidad para producir un producto se vuelve obsoleta... mucha de esa gente se va a casa, y uno lee sobre ellos. No trabajan durante dos o tres años. Se quedan en casa sentados viendo la televisión, porque su única habilidad ya no es necesaria. La única forma en la que puedes conseguir más opciones es manteniendo y desarrollando habilidades nuevas, aprender más cosas. Eso te dará mucha flexibilidad y muchas opciones, y el poder de recuperarte.

Otro aspecto muy importante es el sueño. Resulta que la semana pasada estuve leyendo un libro sobre el funcionamiento del cerebro. Dice que el sueño adecuado es absolutamente esencial para que el cerebro funcione correctamente.

Imagínate que cargas tu teléfono celular cuando la batería está en rojo. Bueno, pues la batería mental también hay que recargarla. Mira, todos los que están leyendo esto son trabajadores del conocimiento. No trabajan con su cuerpo, haciendo ni moviendo objetos. Trabajan con el cerebro. Lo más importante que puedes hacer es mantenerlo totalmente cargado.

Un estudio reciente descubrió que los millonarios y los billonarios duermen una media de ocho horas y media cada noche. Los no millonarios duermen seis o siete horas cada noche. Las personas más ricas logran dormir 8.46 horas. Ésa es la cifra, y se levantan antes de las seis de la mañana. Eso significa que se van a dormir alrededor de las nueve de la noche, para poder lograr sus ocho u ocho horas y media de sueño.

Si lo haces, tu entereza es mucho mayor. Pase lo que pase, estarás tranquilo y relajado. No estás cansado, ni hecho un manojo de nervios, frustrado ni irritado, ni estás pensando en volver a la cama. A mi público le gasto una broma. Les pregunto: "De todas las personas en esta sala, ¿cuántas pensaron en la hora en que podrían acostarse por la noche nada más levantarse?" El

50% del público alzó la mano. Dije: "Eso significa que no están durmiendo suficiente". Van por ahí con un déficit de sueño.

Así que a mis clientes les digo: "Acuéstense a las nueve de la noche, apaguen todos sus dispositivos, apaguen la televisión y duerman ocho, nueve, o incluso 10 horas". Y cuando regresan, están transformados. Tienen más energía. Han adelgazado. Porque si no duermes lo suficiente, comes demasiado para tratar de compensar esa energía. Tomas demasiado café, demasiados refrescos, y por la noche te tomas una botella de vino entera. Haces todo lo posible para llenarte de energía, porque estás cansado todo el tiempo.

En cuanto empiezan a dormir ocho horas y media o nueve cada noche, se vuelven más eficaces, ganan más dinero. A veces triplican sus ingresos en los primeros 90 días. Mejora su salud, son mucho más amables con su familia, su sentido del humor mejora, toman mejores decisiones empresariales, tienen mayor influencia y son más persuasivos con los demás.

Para dar rienda suelta a tu poder para recuperarte, debes descansar mucho. Si lo haces, podrás soportar casi todo lo que ocurra a tu alrededor. Sin embargo, si estás cansado e irritable, tomarás decisiones a corto plazo. Reaccionarás y exagerarás, dirás palabras de las que te arrepentirás, y tomarás decisiones que resultarán muy caras de corregir en el futuro.

## DAN

Eso es fascinante, porque creo que acabas de derribar otro mito. Mucha gente piensa: "Los millonarios y billonarios no deben de tener tiempo ni para dormir". Con esto que dices, se le da la vuelta a esta noción.

## BRIAN

Algo que enseñamos en administración del tiempo es que a veces el mejor uso de tu tiempo es llegar temprano a casa, irte a dormir toda la noche. No se trata de ponerse al día, de hacer más actividades.. Aquí va otro descubrimiento: si duermes mucho, te vuelves mucho más productivo; haces mucho más trabajo. Tu desempeño es mejor y cometes menos errores. Lo que podría costarte ocho horas si estás cansado y te estás arrastrando, lo harás en dos o tres horas, y será un trabajo mucho mejor. Es una gran recompensa. Nunca pierdes. Al contrario, ganas tiempo y productividad cuando descansas bien.

## DAN

El quinto principio es encontrar la sabiduría en el vacío. El interior hueco del bambú nos recuerda que solemos estar demasiado llenos de ideas y conclusiones para acoger nuevos conocimientos. ¿Puedes ampliar un poco más esa parte, esa idea de que vaciarse puede ser útil para cualquier persona?

## BRIAN

Uno de los grandes descubrimientos es el poder de tu intuición para guiarte inequívocamente a hacer y decir lo correcto. Emerson lo llamó "la tranquila vocecita interior". Sin embargo, para acceder a tu intuición y a lo que se le llama tu mente superconsciente, debes crear zonas de silencio.

Acabo de terminar un libro sobre las distintas formas de usar tu tiempo, y una de ellas era practicar *mindfulness*. Esta disciplina está muy de moda en la actualidad. La gente está acudiendo a retiros de cinco días y pagando miles de dólares para aprender esta técnica. Todo lo que tienes que hacer en realidad es sentarte en silencio.

Una persona comienza a ser grande cuando empieza a escuchar su voz interior. Para hacerlo, tienes que apagarlo todo, dejarlo de lado —sin cigarros, revistas, música, lo que sea— y sentarte tranquilamente en soledad durante al menos 30 minutos. Es como un cubo de agua sucia: el cerebro tarda entre 24 y 26 minutos en aclararse.

Simplemente quédate sentado de 30 a 60 minutos en silencio. Los primeros 30 minutos tendrás un impulso irresistible de pararte a hacer algo. Aun así, quédate ahí, y al final de esos 30 minutos, o incluso antes, de pronto te sentirás tranquilo y despejado, y tu mente comenzará a abrirse. Y así, la respuesta al mayor problema al que te estás enfrentando en ese momento te vendrá a la mente sin más. Será nítida, como una gran valla publicitaria. Simplemente mirarás arriba y ahí estará la respuesta. Pero eso sólo funciona si practicas la soledad con frecuencia.

Pascal, el gran escritor, dijo una vez que todos los problemas de la raza humana ocurren debido a la incapacidad de quedarse sentados en silencio en una habitación por un tiempo determinado. En lugar de eso, salen y empiezan guerras y revoluciones, y todo eso.

Pero la gente que se queda sentada en silencio y deja la mente relajada, y piensa únicamente en sí misma y en su vida, es mucho más tranquila, mucho más creativa. Toma mejores decisiones, es mucho más agradable, le cuesta muchísimo más alterarse y no suele enojarse mucho. Sonríe casi siempre y permanece en calma. Por eso, una de las cosas más importantes que puedes hacer si quieres tener éxito es no hacer nada durante 30 o 60 minutos al día.

## DAN

Recuerdo que hablaste en un curso hace unos 20 años, y me pareció oír esa misma idea que yo mismo puse en práctica. Actualmente, tiene incluso mucho más valor, porque es casi como si el silencio se hubiera convertido en una preciada pieza de oro. Vayas donde vayas, tienen televisión; hay contaminación acústica. A menos que estemos en la naturaleza, o que nos silenciemos intencionalmente, es muy difícil que escuchemos esa voz interior. De lo contrario, siempre hay algo que se superpone a ella.

El sexto principio del árbol de bambú es el de comprometerse al crecimiento continuo. Los árboles de bambú son una de las plantas de mayor crecimiento del mundo, así que háblanos un poco más de esta idea. Es como la idea del *kaizen*, por así decirlo, la idea japonesa de la mejora continua.

## BRIAN

Zig Ziglar solía contar una gran historia sobre el árbol chino de bambú. Los granjeros salen a plantar estos árboles. Plantan las semillas, las riegan y cultivan los bambús y no ocurre nada. Lo hacen un mes tras otro. Pasa un año y no pasa nada. Lo vuelven a hacer durante el año siguiente, y así durante cinco años, y sigue sin pasar nada. Lo que estaba ocurriendo es que el árbol de bambú estaba desarrollando un profundo sistema de raíces.

Y entonces, el bambú crece 30 metros y se convierte en una de las plantas más fuertes del mundo. La única razón por la que puede soportar esa altura es su profundo sistema de raíces.

Pasa lo mismo con una persona que está aprendiendo, y creciendo, y desarrollando nuevos conocimientos y habilidades. Recuerda: una idea puede cambiar tu vida. Pero nunca sabes cuál es la idea, así que debes tener nuevas ideas constantemente, para que la correcta llegue en el momento oportuno. Puede transformar tu vida por completo.

Déjame darte un ejemplo. Una vez oí una entrevista con un exitoso emprendedor. El presentador dijo: "¿Cuál es la clave para tener éxito en los negocios?" Y el entrevistado dijo: "El 90% del éxito empresarial viene determinado por la calidad del producto en primer lugar". Casi me salgo de la carretera cuando oí eso. He visto repetirse este principio unas mil veces, pero la forma en la que se dijo, que 90% del éxito empresarial viene determinado por la calidad del producto en primer lugar, me llamó la atención.

Elaboré un curso entero de dos días sobre ese tema: ¿cómo organizas, planificas, desarrollas, vendes y comercializas un producto realmente excelente? ¿Cómo sabes que lo es? ¿Qué tienes que hacer? ¿Dónde consigues a la gente, las habilidades, las técnicas y el servicio al cliente? Descubrirás que todas las compañías exitosas desencadenan esta reacción en el cliente: "Éste es un gran producto. Son buenísimas personas. Es un lugar increíble".

A mis empresarios les pregunto: "¿Cuántas personas, qué porcentaje de sus clientes, después de usar su producto o servicio, les dicen a ustedes (o a cualquier otra persona): 'Oye, ¡este producto es increíble!'? ¿Cuántas? Bueno, ese porcentaje es el único factor que determina su futuro en el mundo de los negocios. El porcentaje de personas que dicen 'éste es un gran producto' determina todo tu futuro". Se han gastado millones de dólares en investigación sobre este tema. Es la única pregunta: ¿éste es un gran producto?

La gente dice: "Ah, ya lo entiendo". Y entonces, yo digo: "¿Pero es cierto también para ti como persona? Tu éxito, tu salario, tus ingresos, tu ascenso, todo tu estilo de vida estará determinado por la calidad de tu trabajo. Y tu trabajo (y esto se deduce de muchas investigaciones) es meterte entre el 10% de los mejores de tu campo. No tienes que ser el número uno, como en las Olimpiadas. Solamente tienes que estar entre el 10% de los mejores, porque es esa cantidad, tanto en el caso de compañías como de seres humanos, la que gana 90% de los ingresos que se distribuyen en cualquier sociedad. Al igual que el 80/20, en este caso es un 90/10, así que tu trabajo es meterte entre ese uno por ciento".

¿Y qué se necesita para meterse en el 10% de los mejores? La respuesta es la decisión de llegar ahí, porque nadie puede detenerte de estar entre el 10% de los mejores. No estamos hablando de ganar las Olimpiadas. Solamente hablamos de que se te reconozca como un productor o proveedor de gran calidad de tu producto o servicio.

¿Es fácil llegar ahí? No. ¿Cuánto tiempo se tarda? Según Malcolm Gladwell, en *Outliers*, citando la obra sobre el rendimiento de élite, se tarda de cinco a siete años. En el libro *Good to Great* de Jim Collins, el líder de nivel 5, el líder realmente fuerte, callado, tranquilo y eficaz, tardó de cinco a siete años en lograr que esa compañía pasara de ser una buena compañía a ser una líder mundial. Así que establece ése como tu objetivo en tu vida empresarial: "Quiero que la gente diga que él es uno de los mejores del negocio". Los médicos que están reconocidos como los mejores ganan de 80 mil a 100 mil dólares al día. Lo sé porque los uso, y me llega la factura de la cirugía. Los médicos normales ganan unos 150 dólares por consulta en los barrios de la periferia.

Todos fueron a las mismas universidades de medicina, pero los médicos —sobre todo los cirujanos— que dedicaron su vida a convertirse en alguien realmente bueno en su especialidad, se adelantaron, como en una carrera de autos. Cada vez se alejaron más y más de la media. Sus ingresos no subieron 10 ni 20%. Subieron 10 o 20 veces más. Todo proviene del desarrollo personal constante, de irse haciendo un poco mejor cada día.

## DAN

Por último, la número siete: expresar su utilidad mediante la simplicidad. El árbol de bambú expresa su utilidad gracias a su simplicidad. Hablemos de la idea de simplicidad y ser útil de forma sencilla, es decir, que para tener éxito en realidad no se necesita mucha complejidad.

## BRIAN

Se ha estudiado mucho el tan popular tema de la reingeniería: ¿cómo se establecen nuevas secuencias y procesos en un negocio o en la vida personal? La respuesta es dejando de hacer cosas. Se fijaron en las estrategias de las grandes compañías durante la última recesión. Aquellas que tuvieron éxito fueron las que dejaron de hacer la mayoría de cosas. No aquellas que comenzaron a hacer o a tratar de hacer el mayor número de cosas, sino las que dejaron de hacer las cosas que no estaban funcionando tan bien.

Entonces, debes preguntarte: ¿hay algo que esté haciendo hoy, sabiendo lo que sé, en lo que no volvería a meterme? En su momento pareció una buena idea, y probablemente lo era, pero sabiendo lo que sé ahora, no volvería a meterme en eso. Si la respuesta es: "sí, no me volvería a meter en esto", la siguiente pregunta es: ¿cómo me salgo y en cuánto tiempo? No lo retrases, no lo dejes para más tarde. Si tienes un negocio y decides que hay una persona a la que actualmente no contratarías, despídela hoy mismo. Si decides que ahora tienes un producto que no volverías a meter en el mercado debido a tu competencia, y al precio y todo lo demás, descataloga el producto. Elimínalo.

A menudo, el ejecutivo que metió en problemas a la compañía no es capaz de sacarla de ellos, porque hay demasiado ego involucrado en los productos y decisiones anteriores. ¿Y qué hace entonces la junta directiva? Trae a un artista del cambio, que no está involucrado emocionalmente. Normalmente, los emplean durante un año, a veces menos, y llegan con una motosierra.

Uno de los artistas del cambio más famosos fue el conocido por su apodo "Motosierra Dunlap". Literalmente, podía tomar entre sus manos una compañía entre las *Fortune 500* que estaba perdiendo dinero y darle la vuelta en un plazo de 12 meses. Le daban un bono muy generoso y se iba. Dejaba cadáveres por todas partes. Traían a un nuevo presidente, un presidente democrático, autoritario, y así, y la compañía se reestructuraba y se volvía exitosa y rentable.

Por eso yo digo que cada uno tiene que ser su propio artista del cambio. La clave para el éxito es dejar de hacer cosas. No puedes hacer más cosas de las que haces, así que si quieres tomar el control de tu vida, debes dejar de hacer cosas, lo que nos lleva al proceso de reingeniería. Este proceso se basa simplemente en reducir la cantidad de pasos de cada proceso. Andrew Grove escribió sobre esto en *High Output Management* hace muchos años. Dijo: "Haz una lista de los pasos en cualquier proceso. Siéntate tranquilamente y di: paso uno, paso dos. Puede que haya 10 pasos en un proceso. Después, toma una decisión para eliminar 30% de los pasos la primera vez".

Después, siéntate con las personas involucradas y pregúntales: ¿cómo podemos eliminar estos pasos? En primer lugar, algunos pueden eliminarse por completo, porque muchos pasos están ahí solamente por una emergencia o un error. En segundo lugar, puedes unir dos o tres pasos en uno solo. En tercer lugar, puedes interrumpir ese proceso, o parte del proceso. En cuarto lugar, puedes subcontratar el proceso a otra compañía que pueda hacerlo mejor que tú. Es decir, hay muchas formas distintas de reducir los pasos. La primera vez, según dijo Andy Grove, tienes que reducir siempre la cantidad de pasos 30%. Después, regresas y dices: "Volvamos a hacerlo".

Mi historia favorita era la de cuando Steve Jobs regresó a Apple en 1997. Le dieron acceso a los libros, y descubrió que a la compañía le quedaban 90 días de vida, estaba al borde de la insolvencia. Tenían miles de personas vendiendo 104 productos por todo el mundo. Se sentó y dijo: "Tenemos que detener el sangrado". Se reunió con los altos ejecutivos para que le recomendaran 10 productos con los que ellos seguirían. Los demás, se dejarían de lado.

La gente se puso a gritar y a correr en círculos, pero al final cedieron, porque no tenían elección. Dijeron sus 10 favoritos, y los combinaron. Al final, llegaron a un consenso. "Ahora —dijo—, en los próximos días quiero que se vayan a casa, discutan y eliminen seis más." Por supuesto, se quedaron impactados. "O hacemos esto o cerramos la compañía, así que comprendan que son sus puestos de trabajo los que están en juego, así como los trabajos de miles de personas."

Se enfadaron y se quejaron, y algunos renunciaron, pero regresaron con cuatro, y eliminaron 100 productos. De 104, eliminaron 100 productos en 90 días. Toda la compañía dio un giro. En unos pocos años, se convirtió en la compañía más valiosa del mundo al dejar de producir productos de bajo crecimiento, bajos ingresos, bajos beneficios o sin beneficios. Haz que el ego desaparezca del camino. Estos productos podían haber parecido buenas ideas en su momento, y podía haber gente a la que le gustaran, pero la compañía tenía que sobrevivir. Una historia sobresaliente.

Por eso, cuando te veas superado en la vida, siéntate y di: "¿Qué tengo que dejar de hacer?" Y después empieza a dejar de hacerlo. Y hazlo ya.

## DAN

Puedes relacionar esto incluso con los vendedores. A lo mejor tienes clientes, o vas tras algunos clientes, que sólo te van a ofrecer muy poco en cuanto a ventas o rentabilidad. Es mejor que te deshagas de ellos y conserves al 20% más rentable.

Así que, Brian, ¿qué te gustaría decir por último sobre la flexibilidad?

# BRIAN

Mi gran amor, Peter Drucker, dijo una vez que las suposiciones incorrectas están en la base de todos los fracasos. En otras palabras, suposiciones erróneas. Asumimos algo que no es cierto; asumimos que hay un mercado que no existe, o no es lo suficientemente grande, o no es lo suficientemente rentable. Suponemos que hay un mercado para un nuevo producto. Asumimos que una persona se va a dar la vuelta y de repente se va a convertir en un buen productor, pero la gente nunca cambia. Hacemos las suposiciones erróneas.

El punto de partida es replantearte tus suposiciones y preguntarte: ¿qué pasa si estaba equivocado? ¿Qué pasa si mis suposiciones en esta área, sobre el producto, el servicio, la gente, el mercado, los clientes… eran totalmente falsas? ¿Qué haría entonces?

Hay tres o cuatro preguntas que enseño en todos mis cursos sobre negocios.

La primera es: ¿qué estoy tratando de hacer? Sé claro. La respuesta es que estás tratando de conseguir resultados comerciales. Estos resultados significan que vas a obtener un exceso de beneficios sobre todos los costos que conlleva.

La segunda es: ¿cómo voy a tratar de hacerlo? Siempre debes hacerte esta pregunta cuando te sientas frustrado, resentido, con bajo rendimiento, lo estés pasando mal, tengas estrés, ira o estés insatisfecho con tu trabajo. Detén el reloj y pregúntate: "¿Qué estoy tratando de hacer y cómo estoy tratando de hacerlo?" Muy pocas personas hacen esto, pero cuando lo hacen, piensan: "Voy a tratar de hacerlo de esta forma". Y dicen: "Debe de ser una broma. Llevamos cinco años tratando de hacerlo de esta forma, y sigue sin funcionar".

La tercera pregunta es: ¿hay una mejor forma de hacerlo? ¿Podría haber una mejor forma que la que estamos usando actualmente? Y la respuesta es que siempre hay una mejor manera de hacerlo. Así que, si no lo estuviéramos haciendo así ahora, sabiendo lo que sabemos, ¿comenzaríamos así de nuevo o qué haríamos de otra forma? No dejas de darle vueltas, y eso mantiene tu mente abierta.

La próxima semana haré esto en Europa con los altos ejecutivos de una compañía de 100 millones de dólares. Recorreré la mesa y haré esas preguntas. Son como darle una bofetada a alguien en la cara. ¿Qué estás tratando de hacer? ¿Cómo estás tratando de hacerlo? ¿Está funcionando? ¿Por qué no? ¿Cuáles son nuestras suposiciones? ¿Qué pasa si nuestras suposiciones son falsas, qué haremos entonces? ¿Qué pasaría si no tuviéramos limitaciones? ¿Qué ocurriría si tuviéramos un presupuesto ilimitado y pudiéramos hacer lo que quisiéramos, y que, dentro de seis meses, si no hubiéramos logrado el objetivo, vendrían a dispararnos en la cabeza? ¿Qué haríamos de forma distinta? ¿Qué cambios harías de inmediato? Ejerce presión y así a la gente se le empezarán a ocurrir ideas increíbles.

# Capítulo 6

## Cómo mantener la motivación, primera parte: el poder de las tareas personales diarias

### DAN

Éste es el primero de tres capítulos en los que hablaremos de la importancia de mantener la motivación durante el proceso de cualquier logro importante. Tendemos a estancarnos, a entrar en la rutina y distraernos. Al principio hablabas de todas las distracciones modernas que nos ofrece la tecnología, entre otras cosas, y que nos sacan del camino hacia nuestros objetivos. Y además, está el hecho de que la vida pasa, y los años se van acumulando, o de que la gente pierde su enfoque.

Cuéntanos cómo los próximos tres capítulos darán ideas, técnicas y estrategias a los lectores para superar esta situación tan común que es perder la motivación.

### BRIAN

Ya hablamos antes del poder de la sugestión para determinar todo lo que nos ocurre. Inciden mucho en nosotros tanto las influencias externas como las internas. Sólo podemos responder y reaccionar de forma eficaz a las influencias externas, pero debemos tomar el control total de las internas, porque son mucho mayores.

Algo que revolucionó mi vida fue este sencillo principio: con las afirmaciones, la charla positiva con uno mismo, el futuro y el potencial no tienen límites, porque 95% de las emociones viene determinado por cómo hablas contigo mismo constantemente. Te conviertes en lo que piensas la mayor parte del tiempo. También te conviertes en lo que te dices a ti mismo la mayor parte del tiempo.

¿Qué palabras te dices a ti mismo? Recuerda que la configuración por defecto del cerebro humano, la automática, es hablar con uno mismo de forma negativa, ver lo peor de las cosas. Esto proviene de la infancia; puede que sea algo instintivo en los seres humanos. Piensas en tus preocupaciones, tus males, tus penas, todo lo malo que te ocurre y tus enojos, porque todo eso son las espinas en tu costado.

Muy pocas veces elegimos deliberadamente pensar en las cosas que nos gustan y que nos hacen felices. Pero si hablas contigo mismo de forma positiva, si tomas el control de este diálogo interior que se entabla constantemente, día y noche, incluso cuando duermes, entonces tomas el control real de tus emociones. Y si tomas el control de tus emociones, tomas el control de tu actitud. Comienzas a cambiar también tus creencias, y cambias tus expectativas.

El único y mayor obstáculo para alcanzar el éxito es el miedo al fracaso, el miedo a perder. ¿Qué pasa si pierdo mi trabajo? ¿Qué pasa si pierdo todo mi dinero? ¿Qué pasa si pierdo el tiempo? ¿Qué pasa si pierdo el amor de alguien?

Esto siempre se manifiesta en el sentimiento "no puedo". No puedo cambiar, no puedo hacer esto, no puedo mejorar las cosas. Es la indefensión aprendida. ¿Cuál es el antídoto para este miedo al fracaso? La respuesta es "puedo hacerlo". En lugar de decir "no puedo" y enojarte, di mejor "yo puedo"; puedo, puedo hacerlo, puedo hacer lo que me proponga.

Aprendí esto hace cuatro décadas, y lo puse en práctica con mis hijos. Desde el principio les decía: "Cuando crezcan, van a tener mucho éxito". Los programé con esa afirmación. Es como sentarse al lado de sus computadoras mentales cuando no están mirando. De pequeños, los niños son susceptibles; no tienen capacidad de bloquear la entrada de información de sus padres. Sea lo que sea lo que les digan los padres a sus hijos repetidamente cuando estos últimos son vulnerables, se convierte en una parte permanente del patrón de los menores.

Si les dicen una y otra vez cuánto los aman sus papás y lo maravillosos que son, y los padres juegan con ellos y mantienen el contacto visual, y los abrazan, y caminan con ellos, y los tratan como si fueran muy importantes, eso es lo que se les queda grabado en el subconsciente en los tres primeros años de vida. Desde ese momento construyen los cimientos de su vida sobre esas bases.

Afortunadamente, se puede regresar y reprogramar una infancia llena de negatividad si se repiten las siguientes palabras una y otra vez: "Me gusto". Me gusto. Me gusto. Esto hace que la idea entre en lo más profundo, como los pilares que se utilizan para construir un puente. Se adentra en lo más profundo de tu subconsciente y acaba por cancelar cualquier programación negativa que hayas podido tener.

Otra cosa que hacen los padres cuando crían a sus hijos es para protegerlos: no paran de decir "para", "aléjate de eso", "no hagas eso", "no toques eso". El menor, que se ve inducido por sus instintos naturales para explorar su entorno, sólo oye: "Soy muy pequeño", "soy incompetente", "soy incapaz", "no puedo". Entonces, los niños, desde muy pequeños, dejan de intentar hacer cosas nuevas, dejan de explorar, porque saben que sus padres se enojarán con ellos si lo hacen.

El mayor miedo de un niño es a perder el amor de sus padres. También funciona en los adultos. Por eso el mayor regalo de un padre es el amor incondicional, cuando dejan claro que aman a sus hijos al cien por ciento, sin importar lo que digan o hagan, y que los respaldan al cien por ciento.

Yo tuve una experiencia con esto del amor incondicional. Recibí una llamada de emergencia del club de campo. Mi hijo y su amigo, que tenían entonces unos 10 u 11 años, habían ido a jugar por ahí. Tomaron un poco de champú de los vestuarios. Se lo llevaron y lo vertieron en el jacuzzi exterior.

Empezó a salir espuma sin parar, y la gente se acercó corriendo. Salieron los gerentes y llamaron a la policía. Después, nos llamaron a nosotros. Llegamos en carro. Había dos patrullas, estaba la gente del club de campo y parecía que habían robado el oro del banco. Pero solo era un montón de espuma saliendo del jacuzzi.

Mi hijo David y su amigo estaban petrificados. Le pregunté a la policía qué estaba ocurriendo. Me contestaron: "Bueno, son niños, se dieron un buen susto. El club de campo está haciendo una montaña de un grano de arena. Tenemos que hacer como si se hubiera cometido un grave delito". Yo dije: "Gracias, no se preocupe, yo me los llevaré a casa".

Llevé a mi hijo a casa, lo senté en el asiento trasero, y no dije ni una palabra en el trayecto. Cuando llegamos a casa, pregunté: "¿Qué pasó?" "Bueno, sólo tomamos el champú" Yo le dije: "Uy, también hice cosas así cuando era joven. Está bien. Vete a la cama".

Dos días después, nos llamaron del club de campo y nos expulsaron. Cancelaron nuestra membresía por culpa de los delincuentes juveniles que teníamos por hijos. Fui con David y le dije: "David, has conseguido que nos echen del club". Se le humedecieron los ojos, y yo repliqué: "Pero no pasa nada, no te preocupes, no importa". Le quedó claro que estaba a salvo.

Me llevé a David a Europa hace dos semanas. Estábamos hablando de que siempre le ofrecí mi amor incondicional. Tiene 29 años, y me dijo: "Recuerdo lo del club de campo. Recuerdo cuando viniste a buscarme. Me llevaste a casa y nunca dijiste nada. Me respaldaste al cien por ciento. Aún lo recuerdo. Lo hiciste con todos nosotros; era lo mejor del mundo".

Bueno, a lo que quiero llegar es a este flujo constante de mensajes verbales positivos a tus hijos, a tu cónyuge, a tus nietos y a las demás personas. El refuerzo positivo constante es de lo más maravilloso que existe. Hazlo también contigo mismo.

Hay otra ley que dice que todo lo que se expresa queda impreso. Siempre que le dices algo a alguien que le sube la autoestima y la confianza en sí mismo, de manera automática subes tu propia autoestima y confianza en ti mismo. Si haces que otra persona se sienta feliz y positiva, tú te sentirás feliz y positivo.

Si vas a hacer un curso de primeros auxilios, ¿cuándo lo tomas? ¿En la escena del accidente, cuando hay alguien desangrándose, o antes? Obviamente, quieres que sea antes, para estar por completo preparado.

Pasa exactamente lo mismo con la charla positiva con uno mismo y con los reveses y contratiempos en la vida. Habla contigo de forma positiva todo el tiempo, para que así, cuando te lleguen los reveses y fracasos inesperados, estés preparado en tu subconsciente para ser resiliente, como el árbol de bambú. Recibirás el golpe inicial, pero rebotarás de inmediato.

Habla contigo mismo y di estas palabras mágicas: puedo hacerlo. Puedo hacerlo. Puedo hacerlo. Si alguien más tiene dudas, dile: "Puedes hacerlo". La vida de muchos cambió porque una persona les dijo que podían hacerlo. Nuestra capacidad es increíble.

Siempre que voy a algún sitio y conozco a alguien que está haciendo un buen trabajo, sobre todo a los meseros, en las tiendas o los hoteles, digo: "¿Sabe? Va a tener mucho éxito tarde o temprano. Su servicio es excelente y va a tener mucho éxito". Puede que nunca más vuelva a verlos, pero sé que la vida de mucha gente cambió porque una persona se tomó el tiempo de decirles que eran buenos y que tenían mucho potencial.

Después de todos los mensajes negativos en su vida, se aferran al tuyo y lo conservan. Ha habido gente que se me ha acercado para decirme: "Puede que no se acuerde, pero yo estaba en la cárcel y me escribió" o "lo conocí en un curso en Kansas City, y mi vida era un desastre. Ahora, ésta es mi vida, y es maravillosa. Tengo mi propio negocio, un hogar maravilloso, una familia y todo lo demás. Cambió mi vida. Se tomó el tiempo para hablar conmigo, me escribió, me llamó, me envió un mensaje. Sigo teniéndolo, lo sigo mirando, lo tengo en mi escritorio, porque nunca me habían dicho algo así".

Esta ley de reversibilidad dice que cuanto más le digas a la gente lo buena que es, más te dirás lo mismo a ti. Además, cuanto más te hables de forma positiva, más natural te saldrá hablarles a los demás de forma positiva.

## DAN

Excelente. Brian, ¿recomiendas algún proceso formal, como el que tienes con los objetivos, en lo que se refiere a crear un hábito de charla positiva con uno mismo? Es para la gente que piensa: "Conscientemente, cuando me fuerzo a decir estas cosas positivas, puedo decirlas, pero después se queda mi parloteo constante. Estoy demasiado acostumbrado a despreciarme a mí mismo". ¿Hay algún proceso que recomiendes a la gente para que adquiera el hábito de la charla positiva con uno mismo todos los días?

## BRIAN

Sí, hay un proceso. Napoleon Hill lo llamó autosugestión. La autosugestión se remonta a nuestra charla sobre el poder de la sugestión. Actualmente, la denominamos autocondicionamiento: estamos condicionados por nosotros mismos.

Hay dos tipos de condicionamiento. Uno es el autocondicionamiento, que consiste en condicionarte hablando contigo mismo. El otro es el heterocondicionamiento, que consiste en estar condicionado por los demás, cuando nos hablan e influyen en nosotros. Por supuesto, lo mejor es tenerlos ambos, pero al menos la autosugestión se puede controlar.

Hay un proceso de cinco pasos que se puede usar para aprender a hablar con uno mismo de forma positiva. El primer paso del proceso es idealizar o, lo que es lo mismo, proyectarse hacia delante; usas la teoría de la varita mágica, y te imaginas que tu vida es perfecta en todos los sentidos. Si tu vida fuera así, ¿cómo sería? ¿Qué estarías haciendo? ¿Cómo te sentirías? ¿Qué estarías logrando?

Enseño esta técnica a grandes empresas que están llevando a cabo ejercicios de planificación estratégica. Hago que todo el mundo presente se imagine que esa compañía es perfecta dentro de cinco años. Si fuera perfecta dentro de cinco años, ¿cómo la describiría la gente desde fuera? Si una revista importante fuera a publicar un artículo sobre esta compañía, se dispersaran y entrevistaran a todo el mundo que tiene relación con ella (clientes, proveedores, vendedores, competidores y personal), ¿qué les gustaría que dijeran?

La gente que está sentada a la mesa dice cosas como "ésta es la mejor compañía del sector", con los productos de mayor calidad, un excelente servicio al cliente, una tecnología asombrosa, unas tasas de crecimiento regulares, un valor accionario tres veces mayor del de hace cinco años, el mejor liderazgo, la mejor capacitación, el mejor personal, etcétera (características, por cierto, que resultan ser las de todas las mejores compañías). Entonces, yo pregunto: "Muy bien, ¿pero todos esos ideales son posibles?" Todos se callan y me responden: "Sí. No en un año, pero en tres o cinco años, podríamos lograrlos todos".

Guie a una compañía a lo largo de este proceso hace algunos años. Se les ocurrieron 17 descripciones ideales, casi como afirmaciones de lo que la compañía sería si fuera perfecta en cinco años. En ese momento, sus ventas estaban en 20 millones de dólares. Uno de sus objetivos era alcanzar un nivel de ventas de 40 millones de dólares, con el doble de ventas y, por supuesto, el doble de rentabilidad.

Comenzaron a poner en práctica todas estas ideas con entusiasmo; todo el mundo se involucró. Cinco años después me llamaron y me invitaron a una cena especial en el centro de Washington, en el hotel Ritz Carlton: "Nos gustaría que viniera; estamos celebrando nuestro quinto aniversario desde esa sesión de planificación estratégica". Me pagaban el viaje y todo lo demás, así que fui.

Fue precioso. Tenían una banda de jazz en vivo, una comida exquisita, todo… De pronto, se pusieron en pie y comenzaron con los anuncios. Uno de ellos era que ese año habían alcanzado los 104 millones de dólares en ventas, cinco años después de haberse puesto la meta de alcanzar los 40 millones de dólares. En otras palabras, sobrepasaron su objetivo 500%, y dijeron que todo se debió a ese ejercicio de idealización.

Lo primero que hay que hacer para sobrepasar tus objetivos es crear una imagen emocionante del futuro de tu empresa y tu vida si fueran perfectas en todos los sentidos. Lo segundo es visualizar. Te lo imaginas; creas una imagen mental de ese éxito. Recuerda, no puedes lograr nada en el exterior a menos que puedas visualizarlo en tu interior.

Una pareja hizo este curso en el que explicaba el proceso de idealizar y visualizar. Decían que querían tener su casa soñada. Les dije: "Pues consigan algunas fotos de casas de ensueño. Cómprense algunas revistas llenas de fotos, como *House Beautiful, Architectural Digest* o *Better Homes and Gardens*".

Se marcharon y se compraron unas cuantas revistas. Pasaron dos años. Fue una historia increíble. Me llamaron y me dijeron:

"No te vas a creer lo que pasó después de ese curso. Nos pusimos a idealizar. Encontramos esas revistas y nos suscribimos, y comenzamos a arrancar fotos de habitaciones y jardines, para poder crear nuestra casa perfecta.

"Después armamos una enorme carpeta con todas esas fotos. Las sacábamos y las mirábamos todas las semanas. Pensábamos y soñábamos en vivir en esa casa. Entonces, un año después, nos llegó el anuncio de que transferían a mi esposo al oeste." En este caso fue a Edmonton, Alberta.

Lo primero que tuvo que hacer el marido fue comprar una casa. Se fue un martes o un miércoles. Habló con un par de agencias inmobiliarias, y recordó esa foto, el sueño que tenía. Dijo: "Estamos buscando una casa con estas características, esta vista y esta cantidad de habitaciones". El agente inmobiliario dijo: "Bueno, conozco todas las casas disponibles en la ciudad. No hay ninguna casa como esa a la venta en estos momentos, pero justo mañana sale una como la que está pidiendo. Podría ser una de las primeras personas en verla".

Su esposa llegó el viernes, y el sábado por la mañana el agente inmobiliario fue a recogerlos al hotel. Los llevó a esa casa, y entraron. Era la casa perfecta de *Better Homes and Gardens*, la que llevaban soñando y visualizando desde hacía dos años. El precio estaba bien, la ubicación, también. Compraron la casa y actualmente viven en ella. Dijeron: "Fue como un sueño; era la casa con la que habíamos soñado".

Visualizar es muy importante, y éstas son las reglas. La visualización tiene cinco partes. La primera es *claridad*. Cuanto más clara sea la imagen mental de la persona en la que te quieres convertir, o de las cosas que quieres tener, más rápido se hará realidad. Es casi como una relación unívoca: claridad y materialización.

La segunda es *nitidez*. ¿Qué tan nítida es la imagen que ves? La tercera es *intensidad*: ¿cuántas ganas tienes de lograr ese objetivo? La siguiente es *duración*: ¿cuánto tiempo puedes mantener esa imagen visual en la mente antes de distraerte? La quinta, el principio final, es *repetición*: ¿con cuánta frecuencia cada día creas esta imagen mental?

Estos cinco factores de la visualización no se explican nunca en ningún lado. Ni siquiera en *El secreto* o en cualquiera de esos otros libros, porque no hicieron las investigaciones pertinentes. Esta investigación viene de la India, con estos cinco principios: claridad, nitidez, intensidad, duración y repetición. El tercer paso es verbalizar. Recuerda, tu mente se activa con las palabras poderosas; en este momento es cuando creas una afirmación. Puedes decir: "Vivo en una hermosa casa de 500 metros cuadrados con vistas al valle y al río, en un vecindario encantador, donde mis hijos pueden ir a unas escuelas excelentes". Ésa es una buena verbalización. Puede que sea un poco larga, pero así tienes una imagen muy clara. Si no eres específico en tu verbalización, puede que haya una casa en venta, pero igual no tiene vistas. Hay una casa en venta, pero a lo mejor no está en un buen vecindario. Hay una casa en venta, pero es muy pequeña o demasiado grande.

En otras palabras, el universo quiere que seas claro como el agua con lo que quieres. Es como plantar una semilla en un terreno muy fértil. El universo, la naturaleza, hará que la semilla crezca. Tu trabajo es plantarla y mantenerla despejada: quitar las malas hierbas. La naturaleza hará que crezca por sí sola.

Si no plantas flores en un jardín, ¿qué crecerá? Mala hierba. La mala hierba (los pensamientos negativos) crece de forma automática. Tienes que limpiar las flores y las verduras (pensamientos positivos). Verbaliza y elabora una afirmación verbal clara de tu objetivo.

Durante muchos años tenía fichas en las que escribía mis afirmaciones: logro este objetivo en esta fecha. Peso tantos kilos. Nado tantos kilómetros. Manejo este tipo de carro. Vivo en este tipo de casa. Gano esta cantidad de dinero. Nunca escribí nada en esas tarjetas que no acabara logrando: ser un autor de *bestsellers*, viajar por el mundo, ganar cierta cantidad de dinero, vivir en una casa hermosa, tener hijos encantadores. Lo escribía todo y lo leía una y otra vez. Una de las formas de afirmación más poderosas es la afirmación escrita. Escribe tus declaraciones positivas con palabras y después léelas en voz alta y recítatelas cada día.

Yo revisaba mis afirmaciones por la mañana y por la noche. De esta forma puedes trabajar hasta con 15 objetivos a la vez. Cada mañana me sentaba y leía mi objetivo, y creaba una imagen como si ya lo hubiera conseguido. El siguiente paso es ponerlo en emociones. Piensa en cómo te sentirías si lograras el objetivo (orgulloso, feliz, emocionado, cariñoso, entusiasmado, seguro... lo que sea). Combina la emoción con la verbalización.

Gano esta cantidad de dinero en esta fecha. Si gano esa cantidad de dinero, ¿cómo me sentiré? ¿Qué haré, cómo me veré, qué será distinto en mi vida? Tienes que lograr que esa afirmación cobre vida. Debe ser nítida, emocionante, clara, emotiva e intensa. Tiene que estar por escrito para que puedas activar la imagen y la emoción cada vez que la leas. Yo la leería dos veces al día y me tomaría unos cuantos segundos para visualizar el objetivo como si ya lo hubiera logrado.

El siguiente paso es materializar o, en otras palabras, llevar a cabo las acciones correspondientes para lograr el objetivo. Actúa como si éste estuviera garantizado, y actúa como te venga a la mente; lleva a cabo las acciones que estén a la mano. Párate cada mañana, ve a trabajar, haz el mejor trabajo que puedas y ten la absoluta confianza en que el objetivo se está acercando hacia ti de las formas más extraordinarias.

El último principio se denomina realización. En el momento exacto que más te convenga, y de la forma correcta, el objetivo aparecerá. No aparecerá ni antes ni después; nunca debes presionar para que aparezca el objetivo. Éste aparecerá justo cuando estés listo para recibirlo, así que ten paciencia y confía, como si un hombre extremadamente rico y muy íntegro te hubiera garantizado sin lugar a dudas que te iba a entregar ese objetivo en el mejor momento para ti. Sólo relájate, como si fuera dinero en el banco.

Esta distensión crea el catalizador. Es casi como la sustancia química dentro de la que se lleva a cabo el objetivo. Cuanto más relajado estés, más tranquilo, más rápido se materializará el objetivo en tu vida.

Como ves, he estudiado los principios de la charla con uno mismo, la autosugestión, el condicionamiento autonómico y todo eso. Ésos son los aspectos que tienes que abordar, y si lo haces, verás cómo toda tu vida comienza a bailar. Serás más positivo, tendrás más energía, y comenzarán a pasar cosas a tu alrededor. Todo va dirigido para moverte hacia el objetivo.

# DAN

Es un gran consejo, sobre todo para aquellas personas que se sienten estancadas o que creen que se han salido del camino. Dar esos pasos todos los días les resultará de gran ayuda para mantener la motivación que necesitan.

Hay un aspecto que está relacionado con eso de hablar con uno mismo, y es la idea de las preguntas. No hay un momento en el que no estemos hablando con nosotros mismos o cuestionándonos. Podemos hacernos preguntas positivas, del tipo ¿cómo puedo hacer esto?, o ¿cómo puedo resolver esto?, o preguntas negativas, como ¿por qué siempre me pasa esto a mí?, o ¿por qué dejo siempre todo a medias?

Nos hacemos preguntas todos los días. Y parece ser que el enfoque negativo es el más común. ¿Por qué siempre me pasa esto a mí? ¿Por qué no puedo permitirme lo que necesito?, son probablemente dos preguntas muy frecuentes en nuestro país hoy en día, en lugar de plantearnos preguntas que nos fortalezcan, como ¿qué puedo hacer para permitirme lo que necesito?

¿Puedes hablar de cómo elaborar preguntas que nos den fuerza para ayudar a la gente a motivarse?

# BRIAN

En la investigación llevada a cabo por Martin Seligman en la Universidad de Pensilvania, entrevistaron a 350 mil personas en un periodo de 22 años. Una de las preguntas que hicieron fue: "¿En qué estás pensando la mayor parte del tiempo?" La respuesta que salió fue que los mejores pensaban en qué querían y cómo conseguirlo la mayor parte del tiempo.

La cuestión más importante en la motivación continua es pensar en lo que quieres, y pensar en las acciones que puedes llevar a cabo en este momento para acercarte al objetivo. ¿Cómo puedo lograr esta meta? Cada vez que te haces la pregunta "¿cómo?" desencadenas ideas de acción, cosas que puedes hacer inmediatamente para dar un paso más hacia el objetivo.

Napoleon Hill dijo: "La única cura real para la preocupación es la acción continua en dirección hacia tus objetivos, porque estás tan ocupado trabajando para lograrlos que no tienes tiempo para pensar en negativo". La regla es no decir nunca nada que no quieras que sea cierto en tu caso.

No digas "siempre lo estropeo todo" ni "¿por qué cometo este tipo de errores?" Mejor di "¿qué puedo aprender de esta experiencia que me hará ser más listo la próxima vez?" La mente sólo puede albergar un pensamiento a la vez. Si te haces esta pregunta, y te concentras en tus lecciones —¿qué aprendí de esto?—, no tendrás tiempo de ser negativo, porque estar buscando una lección positiva te convierte en una persona positiva. Te hace feliz, te da energía.

Aquí va otro descubrimiento. Siempre encontrarás al menos una lección, y a veces muchas, que puedas aprender de cualquier contratiempo o dificultad. Todas (o casi todas) las personas ricas de la actualidad han cometido muchísimos errores en su camino a la riqueza. Aprendieron de cada uno de ellos. Las personas sin éxito cometen un error y le echan la culpa a otro. Las personas con éxito cuando tienen un error lo consideran como un regalo de Dios: "Hay algo en esta situación que puede ayudarme a asegurarme de estar totalmente preparado cuando alcance mi éxito".

De nuevo citando a Earl Nightingale: "Si logras tu éxito y no estás preparado para ello, solamente te sentirás estúpido, y lo perderás con bastante rapidez". Como viene, se va. La forma de aferrarse al éxito, cuando llega de forma inevitable, es aprender de cada experiencia. Dicen que la sabiduría es cometer el mismo error una y otra vez, y reconocerlo. Bueno, pues la sabiduría es en realidad no cometer el mismo error una y otra vez. Te preguntas: "¿Qué hice bien, y qué haría de forma distinta en esta experiencia si tuviera que repetirla?"

Eso que harías distinto contiene todas las lecciones aprendidas en la experiencia. Puedes pisar fuerte el acelerador de tu crecimiento personal, tu aprendizaje personal, si revisas constantemente tu rendimiento, pero de forma positiva.

## DAN

Excelente. Estuve leyendo que cuando aprendes algo de verdad y crees en ello, y después lo enseñas a otras personas, te lo inculcas a un nivel más profundo. Simplemente el hecho de enseñar a alguien más lo que tratas de dominar tiene un efecto potentísimo.

¿Puedes contarnos por qué ocurre eso? Me refiero al hecho de que si hay algo que estás tratando de dominar, y adoptas el papel del maestro, eso tiene un impacto enorme en cuanto a tu propio aprendizaje y maestría.

## BRIAN

Te conviertes en lo que piensas, en lo que hablas contigo mismo y en lo que enseñas. Si tenemos una obsesión por enseñar, es porque queremos aprender el tema nosotros mismos a un nivel más profundo. Por eso te conviertes en lo que enseñas.

Para poder hacerlo hay que meterse a fondo en el tema. Hay que considerarlo desde muchos puntos de vista. Una vez que has aprendido el tema pierdes interés en enseñarlo. Querrás enseñar otras cosas.

Yo enseño reinvención del modelo de negocio. Dediqué 300 horas de estudio durante dos años. Leí los mejores libros y artículos sobre el tema, y llené cuadernos de notas, y después repasé las notas. Luego elaboré cuadernos de ejercicios y enseñé el tema. Más adelante los revisé y lo volví a enseñar, y repetí el proceso una y otra vez. Actualmente estoy en mi quinta y sexta revisión.

Lo enseño de una forma que hace realmente feliz a la gente; le da las herramientas que puede utilizar para tener éxito. Yo estoy aprendiendo lo mismo, y puedo aplicar esta idea de reinvención del modelo de negocio al mío propio. Mis ingresos han aumentado, y mi satisfacción por la vida también.

Hace muchos años tomé un curso sobre aprendizaje acelerado. Una parte se llama aprendizaje en el plano dual. Se trataba básicamente de cómo se puede aprender más rápido y retener la información por más tiempo. Una de las cosas que dicen es que primero tienes que aprenderlo tú, pero mientras lo vas haciendo, piensa en enseñarlo.

Así, estás asimilando la información en dos niveles. Estás haciendo entrar la información y a la vez estás pensando en cómo se la enseñarías a alguien más para que tuviera el mismo impacto en él. Si piensas en la información en dos niveles al mismo tiempo, eso duplica y triplica la cantidad de lo que aprendes y retienes. Tienes muchas más probabilidades de interiorizar la información si piensas: "¿Cómo podría enseñar esto? ¿A quién se lo enseñaría? ¿A quién le serviría? ¿Qué pasaría si fuera a escribir un artículo sobre este tema?"

Si piensas en ello de esta forma, aprendes a un ritmo mucho más rápido. Cuando comienzas a enseñar a la gente, tu aprendizaje aumenta cinco o 10 veces más.

## DAN

Brian, nos contaste la historia sobre tu hijo y el amor incondicional, una historia con mucha fuerza. Esta idea de la charla con uno mismo es esencial para los padres que estén criando a sus hijos.

Yo lo he visto en mis propios hijos cuando practican deportes. Si cometen un error o algo malo sucede, oyen los abucheos de la multitud. Regresan muy decaídos. Casi pueden verse los pensamientos negativos invisibles por encima de sus cabezas.

Como padre, ¿qué aconsejas a la gente para ayudar a sus hijos a que empiecen con buen pie en esto de la charla con ellos mismos? Obviamente, si empiezan desde pequeños, tendrán mucha más ventaja que si tienen que trabajar en ello cuando sean adultos.

## BRIAN

Regresemos a nuestra sencilla afirmación: me gusto, me gusto. Hace poco se me acercó una mujer. Me dijo que había oído hablar de mí, y que lo estaba pasando mal debido a su infancia negativa. No se gustaba a sí misma, no creía que fuera buena, se sentía inferior. De repente, cambió y comenzó a decirse a sí misma: "Me quiero. Me quiero". Dijo que todo lo que quería cuando era niña es que sus padres la quisieran. Como sus padres no la querían, alguien tenía que hacerlo, y tenía que ser ella misma.

Cuando tus hijos duden de sí mismos, diles: "Hiciste un gran trabajo, lo hiciste lo mejor que pudiste. Te irá mejor la próxima vez; siempre hay una próxima vez". Diles lo buenos que son, que son excelentes.

Un estudio interesante dice que nuestra autoestima se crea principalmente por la distancia entre la imagen que tenemos de nosotros mismos, la forma en la que nos vemos en la actualidad, y dónde soñamos estar en el futuro. También viene determinada por dónde estamos ahora en comparación con nuestras expectativas. ¿Dónde esperaba estar en esta etapa de mi vida, y dónde estoy?

Resulta absolutamente increíble la cantidad de depresiones, alcoholismo y comportamientos físicos negativos causados por personas que han alcanzado determinada etapa en la vida. Esperaban estar mucho más avanzados llegados a ese punto, y no lo están. Esperaban tener más dinero, más éxito, más ingresos. Esta brecha entre lo que esperaban y la realidad les provoca un estrés enorme. A veces llegan incluso a suicidarse.

La tasa de suicidios más alta en Estados Unidos está en los varones entre los 48 y los 52 años, porque ése es el momento en el que se dan cuenta de que nunca lo van a lograr. Algo que no tiene por qué ser cierto, pero sus expectativas eran muy altas. Y esto se remonta a sus padres, quienes siempre les exigían que fueran excelentes, siempre les exigían que ganaran, que sobresalieran.

Me viene a la cabeza una historia: un chico que va a la escuela y regresa a casa con unas calificaciones regulares. Su padre le golpea y lo destruye emocionalmente. "¿Por qué estás sacando calificaciones tan horribles? ¿Qué te pasa, eres estúpido o qué?" El padre lo golpea y el niño decide que va a trabajar más y a conseguir buenas calificaciones.

Cancela todas sus actividades sociales con sus amigos. Llega a casa, estudia tres, cuatro o cinco horas cada noche durante todo el semestre. Toma seis clases. De las seis clases, saca cinco 10 y un nueve, y llega a casa y le enseña su boleta de calificaciones a su padre. Éste echa un vistazo y dice: "¿Por qué sacaste un nueve?" Me dijo que nunca volvió a echarle ganas a la escuela; ese comentario le quitó todas las ganas de sobresalir. A los 35 años seguía teniendo un trabajo mediocre. Dijo que su padre había destrozado su motivación y sus incentivos con ese comportamiento.

Lo más maravilloso que puedes hacer es decirles siempre a tus hijos lo buenos que son. "Oye, lo hiciste genial, y lo harás mejor la próxima vez." Nunca te sientas decepcionado por tus hijos. Nunca les digas: "Si hubieras hecho esto…" o "si lo hubieras hecho de otra manera" o palabras así.

Es como esa historia de mi hijo con el jabón en el jacuzzi. Yo dije: "Está bien, uy, yo también cometí esos errores cuando era joven". Eso es un hecho formativo: 20 años después sigue acordándose. Se acuerda de lo preocupado que estaba por cómo iba a reaccionar yo ante la policía y todos los demás, y yo solamente me reí. Nos reímos, y hemos hecho eso con todos los problemas en los que se han metido mis hijos. Todos los niños se meten en problemas; es mejor reírse de ello.

Para acabar redondeando, te conviertes en lo que te dices a ti mismo la mayor parte del tiempo. Tienes control total sobre lo que te dices a ti mismo la mayor parte del tiempo. Tienes que hablar contigo mismo de forma positiva deliberadamente. Nunca digas nada de ti mismo que no quieras que se haga realidad.

Nunca digas: "Vaya, me veo obeso". Mejor di: "Mi peso ideal es éste, en esta fecha". O: "Peso estos kilos en esta fecha". Piensa siempre en el futuro. Olvídate del pasado, que no puedes cambiar. Crea siempre afirmaciones para tu maravilloso y emocionante futuro, y éstas se harán realidad casi con tanta seguridad como que las semillas florecen en verano.

# Capítulo 7

## Cómo mantener la motivación, segunda parte: tener una perspectiva a largo plazo

### DAN

Brian, ahora hablaremos de un tema que sé que te toca muy de cerca. Recuerdo que, sobre todo en los años ochenta, el pueblo estadounidense estaba preocupado porque Japón suponía una gran competencia para su país. Los empresarios de Estados Unidos trataban de imitar el enfoque japonés en la planificación a largo plazo, así como el pensamiento a largo plazo.

Conforme han ido pasando los años y la sociedad ha ido cambiando, actualmente nos encontramos con dispositivos electrónicos a nuestro alrededor todo el tiempo: el correo electrónico, las redes sociales y todo ese tipo de distracciones. Parece que existe una adicción a los resultados a corto plazo, al pensamiento a corto plazo, todo eso ha infectado a nuestra sociedad. Cuéntanos de qué forma esta adicción al pensamiento y a los resultados a corto plazo puede ser letal para mantener nuestra motivación.

## BRIAN

Yo le llamo el factor de la oportunidad, o factor O, y llevo 40 años de investigación al respecto. Básicamente dice que la tendencia natural del ser humano es buscar la forma más rápida y más fácil de conseguir lo que quieren justo en este momento, sin preocuparse casi en absoluto de las consecuencias a largo plazo.

También hay dos visiones de la política. Una dice que todo el mundo puede ser perfectible, que la naturaleza humana puede cambiarse, que el león puede estar recostado junto al cordero; simplemente es una cuestión del mejor uso de las políticas y el dinero de los gobiernos. La otra forma de ver la naturaleza humana, más conservadora, es que es inmutable. Es fija; no desaparece, y no cambia. Es la misma para todos los seres humanos, en cualquier lugar y en cualquier época, a lo largo de toda la historia de la humanidad.

Entonces, ¿cuál es el propósito del buen gobierno? El buen gobierno debe crear una estructura de incentivos de forma que la gente que busca su propio interés de la forma más rápida posible haga o produzca algo para que otras personas lo usen o les resulte útil.

La grandeza de los Estados Unidos se fundó en *La riqueza de las naciones*, de Adam Smith, que dice que la gente no produce cosas por el bien de los demás. Lo hace para sí misma. Sabe que si fabrica productos de muy buena calidad y los publicita y vende con mucha fuerza, y estos productos mejoran la vida de los demás, por extensión, mejorará también su vida. Ésa es la economía del libre mercado, la cual dice que todo el mundo debe ser libre de hacer lo que quiera para servir a los demás con el fin de servirse a sí mismo.

En la Universidad de Harvard, en los años cincuenta, el doctor Edward Banfield llevó a cabo una serie de estudios para encontrar los motivos de la movilidad socioeconómica ascendente... en otras palabras, el aumento de los ingresos a lo largo del tiempo. Lo estudió tanto a nivel nacional como internacional, para descubrir por qué algunas personas ascendían más rápidamente por la escalera salarial.

Descubrió que hay siete niveles socioeconómicos distintos. Los llamamos clases, aunque se supone que no debemos usar ese término. En la mayoría de los países, las clases se agrupan como un triángulo, con las masas en la base, unas cuantas personas a las que les va bien por encima de ellos, y en la cima la élite, los ricos.

Estados Unidos fue la primera sociedad del mundo diseñada como un diamante. En el fondo del mismo, el 5% más bajo, está lo que se denomina la clase baja inferior. Son personas que no pueden mantenerse a sí mismas.

Son casos que requieren asistencia social. Puede que sean alcohólicos. Puede que tengan problemas mentales. Puede que vivan en la calle, que no tengan un hogar. Es sorprendente la cantidad de políticas públicas que se destinan a tratar y atender a esas personas. Y eso está bien; es lo que puede hacer una sociedad próspera.

El segundo nivel es lo que se denomina la clase baja superior. Está conformada por personas que trabajan como lavalozas. Personas que trabajan como barrenderos. Son nuevos inmigrantes. Son personas con bajo nivel educativo. Personas que trabajan en el McDonald's o lugares de ese estilo. Han conseguido su primer trabajo; han metido el pie en la escalera salarial.

Pero no se quedan ahí, porque el siguiente nivel en el escalafón es la clase media-baja. En esta clase, la gente tiene trabajos que exigen una cierta cantidad de habilidades. Pasas de ser alguien en el mostrador de McDonald's a alguien que se encarga de hacer las papas a la francesa, las hamburguesas o un supervisor. En otras palabras, conforme vas desarrollando más habilidades, te vuelves más valioso, te pagan más y vas ascendiendo.

Después, se pasa de la clase media-baja a la clase media. Son los trabajadores asalariados de servicios. Son la población laboral predominante en nuestra sociedad. A todos los que trabajan en una oficina o que entregan cosas y toman notas, los que usan una computadora, y todo eso, se les considera clase media. En Estados Unidos, la clase media es inmensa. Constituye probablemente 60% de nuestra población. La clase baja inferior es sólo 5%, y la clase baja superior quizá llegue a 10%, y así sucesivamente.

Por encima de la clase media está la clase media-alta. En este escalafón se encuentran las personas con habilidades, como médicos, abogados, arquitectos o ingenieros. Tienen licenciaturas universitarias que les permiten estar en la clase profesional. Estas personas, sin duda, ganan muchísimo más dinero que las de la clase media.

Por encima de la clase media-alta está la clase alta inferior. Está formada por personas que son ricas de primera generación. Son personas que se vuelven millonarias o más en la primera generación de trabajo. Un paso más es la clase alta superior, con fortunas de segunda o tercera generación. Estas personas viven del dinero que ganaron sus padres o sus abuelos.

La clase alta superior, los ricos de nuestra sociedad, nunca suponen más de 1%, aproximadamente. A pesar de todas las posturas políticas que plantean subir los impuestos a esta gente, son muy pocas. Como tienen tanto dinero, salen en periódicos y revistas, y se hacen programas especiales en la televisión sobre ellas, y todo ese tipo de cosas.

Esto es lo que descubrió Banfield: sólo hay una cualidad que predijo la rápida movilidad socioeconómica superior, y fue la perspectiva a largo plazo. Eso significaba que la persona pasó mucho tiempo pensando en el largo plazo; cinco, 10, o incluso 20 años hacia el futuro al planear sus actividades actuales. Había un gran libro, *Competing for the Future*, en los años noventa. Iba sobre grandes empresas, pero comentó que la perspectiva a largo plazo mejoraba drásticamente la toma de decisiones a corto plazo.

Así que una clave para conseguir un gran éxito es pensar en dónde quieres estar en el futuro (a nivel psicológico, económico, financiero o social) y después regresar al presente y preguntarte: "¿Qué tengo que hacer en la actualidad para estar seguro de que lograré esos objetivos a largo plazo?" Esto último exige planificación, pensamiento, sacrificio, trabajo duro y un retraso de la gratificación.

La forma más sencilla de volverse rico es trabajar duro, ahorrar dinero y dejar que crezca mediante la capitalización. Cuando comencé en este campo había algo así como un millón de millonarios hechos a sí mismos en 1980. Actualmente había 10 millones de millonarios hechos a sí mismos en el 2016, y la cifra crece por cientos de miles cada año.

¿A qué se debe? En 1980 descubrí que si ahorrabas 100 dólares al mes, 25 a la semana de tus ingresos, y los invertías cuidadosamente en un buen fondo de inversión y lo dejabas crecer al ritmo de la economía, en el momento de tu jubilación, 45 años después, con la capitalización serías más que millonario. En eso consiste la perspectiva a largo plazo.

He conocido a granjeros, operadores de grúa, porteros, choferes de taxi y obreros que se hicieron millonarios en el transcurso de su vida laboral. Las familias de ambos lados, que vivían en casas pequeñas, se gastaban todo lo que ganaban y un poco más con sus tarjetas de crédito, mientras que esas personas ahorraban 10, 15 o 20% de sus ingresos, simplemente ajustándose un poco el cinturón. Salían menos a cenar fuera, compraban productos en Walmart pagando un poco menos. Buscaban formas de recortar gastos, guardaban el dinero y no lo tocaban nunca.

Así que la perspectiva a largo plazo resulta ser la cualidad única y más importante para el éxito. Podrías convertir a todas las personas de todos los vecindarios de Estados Unidos en personas muy bien pagadas, pero sin una perspectiva a largo plazo pronto se gastarían todo el dinero.

Está la regla del 80/20: el 20% de las personas más ricas en una sociedad posee 80% de la riqueza. Podrías tomar toda la riqueza de la sociedad y dividirla en partes iguales, de modo que todas las personas comenzaran con la misma cantidad exactamente, y al cabo de un año el 20% superior tendría 80% del dinero, porque ese 20% siempre está buscando formas de crear el futuro: ahorrar, invertir y todo lo demás. El 80% inferior se dedicaría a malgastarlo, y el 20% superior lo conseguiría.

Éste es uno de mis más importantes hallazgos, y cambia vidas. Así que hazte esta pregunta: ¿cuáles son tus objetivos dentro de 10 o 20 años? Después, cada minuto de cada día pregúntate: "¿Lo que estoy haciendo ahora me está acercando a mis objetivos más importantes o no?"

Antes dije que te hablaría de muchas formas de doblar tu productividad. Aquí va una técnica muy sencilla, que enseño a la gente, y cuando la escucha mueve la cabeza, por su sencillez. Imagínate que cada día tienes tareas; las llamaremos tareas A y tareas B. Las tareas A son aquellas tareas y actividades que te acercan hacia los objetivos que quieres lograr. Las tareas B son las actividades que no te acercan hacia los objetivos que quieres lograr o, aún peor, te apartan de dichos objetivos.

Así que ésta es una forma maravillosa de doblar tu productividad, de hacerte rico, exitoso y muy respetado durante el resto de tu vida: ten clarísimos tus objetivos, y una vez hecho esto, haz únicamente las tareas A todo el día. No hagas ninguna tarea B.

Con sólo eso sobrecargarás tu productividad. Te ganarás la estima y el respeto de todos los que te rodean. Te convertirás en la persona a la que acudir en tu campo. Te moverá al 10% superior de tu campo en cuanto a la calidad de tu trabajo. Lo transforma todo.

Haz solamente actividades A. Son aquellas que tienen consecuencias a largo plazo. Son aquellas que contribuyen a que logres las cosas más importantes en la vida.

Así que la parte más importante de desarrollar una perspectiva a largo plazo es darse cuenta de que es la única cualidad predominante que comparten todos los ricos.

## DAN

Esto también se aplica a la crianza de nuestros hijos y a la idea de retrasar la gratificación. El clásico ejemplo de esto era la prueba del malvavisco. A un niño le enseñan un malvavisco y le dan a elegir: puedes comerte este ahora o esperar para poder comerte dos después. ¿Qué hará el niño? Háblanos un poco de la prueba del malvavisco y sus implicaciones sobre el comportamiento de ese niño más adelante en su vida.

## BRIAN

La prueba del malvavisco fue un estudio increíble. La llevó a cabo un psicólogo en Harvard hace 30 o 40 años, y yo la leí al inicio de mi carrera como orador. Metieron a un montón de niños en una sala, de entre seis y ocho años de edad, los sentaron alrededor de una mesa y les dijeron: "Aquí tienen un malvavisco. Los vamos a dejar solos durante media hora. Si pueden resistirse a comerse el malvavisco durante esos 30 minutos, les daremos dos".

Los investigadores salieron de la sala y observaron lo que ocurría dentro a través de un espejo bidireccional.

Algunos de los niños se quedaron sentados mirando fijamente el malvavisco; otros se taparon los ojos con las manos y apartaron la vista del dulce. Otros niños se cruzaron de brazos apretando fuerte para reprimirse de tocar el malvavisco. Hubo algunos que hasta agarraron el malvavisco, lo soltaron y lo mordisquearon. Luego lo volvieron a dejar, comieron un poquito más y acabaron comiéndoselo todo.

Diez años después descubrieron que cuando esos niños alcanzaron la adolescencia, los que se habían resistido a comerse el malvavisco tenían mejores calificaciones. Cuando entraron en la veintena se convirtieron en personas de alto rendimiento. Incluso 20 años después estaban ganando más dinero; estaban en puestos más altos, de directivos.

En cuanto a los niños que se habían comido el malvavisco de inmediato, nunca llegaron a nada. Sus calificaciones eran malas, no tenían casi nada de éxito ni eran especialmente populares, y 10 o 20 años después trabajaban en puestos promedio.

Esto nos lleva a una gran pregunta. ¿Qué ocasionó la diferencia en este comportamiento a una edad tan temprana? Ésta es la respuesta. Los niños que no se comieron el malvavisco habían sido educados por sus padres para sentirse confiados y seguros de sí mismos.

Verás, el motivo por el que la gente come mucho se remonta hasta la prehistoria, cuando se acercaba el invierno. En esa estación del año no había comida, por lo que comían mucho, como uno oso que va a hibernar. Comían y engordaban, porque se acercaban los tiempos de escasez.

Así que en la actualidad, si una persona es insegura y tiene la oportunidad de comer algo, de tomar un poco de licor o de disfrutar de una gratificación inmediata se abalanza sobre ello, porque en el fondo no está segura de si va a conseguir más en el futuro. No está segura de si va a estar a salvo.

Por eso, en las dietas, si pasas hambre, cuando vuelves a comer, el cuerpo sube muchísimo de peso, porque ha registrado esta idea: "Oye, será mejor que me aprovisione".

¿Qué es lo que hace la mayoría de las personas con sobrepeso? Cuando se ponen a dieta, todo en lo que piensan es: "En cuanto pierda dos kilos, podré salir y atiborrarme. Podré ir al restaurante más cercano y comer hasta hartarme". Su recompensa por perder peso es atiborrarse. Pero si pasan hambre, el cuerpo les dice: "Alerta roja, alerta roja", y eso los lleva a no pensar en otra cosa más que salir, atiborrarse y almacenar la comida.

Sin embargo, si uno está seguro de sí mismo porque sus padres lo criaron para sentirse como una persona valiosa e importante, para sentir que está totalmente seguro gracias a su amor, porque nunca se lo arrebataron (a eso se le llama amor incondicional), entonces esos niños pasarán la prueba del malvavisco. No es genético. Es cuestión de crianza.

Esos niños tienen más éxito en su adolescencia y en la veintena. ¿Por qué? Se debe a que crecieron con una gran confianza en sí mismos y con gran autoestima. Cuando tu autoestima es alta, te estableces objetivos mayores. Persistes durante más tiempo, y te vuelves imparable. Sigues y sigues, sin parar, como el conejito de las pilas Energizer. Todo se remonta a esas experiencias de la infancia.

## DAN

Puede que a uno no lo criaran así. No tuvo esa infancia segura; tiende a ceder a los impulsos. Es algo que sabe muy dentro de sí. ¿Qué puede hacer en este momento? ¿De qué se puede uno rodear, qué hábitos puede poner en práctica, para actuar de esta forma a largo plazo para retrasar la gratificación?

## BRIAN

La psicología ha desarrollado algunas técnicas muy poderosas para enseñar a la gente a retrasar la gratificación. Goethe dijo: "Todo es difícil hasta que es fácil". Una de las cosas más importantes es desarrollar buenos hábitos que te permitan ser más feliz y tener más éxito en la vida.

Lo interesante es que para desarrollar un buen hábito se necesita autodisciplina, que está íntimamente ligada a la autoestima. Además, la autodisciplina es la cualidad única y más importante para tener éxito en la vida. Así que si te entrenas para postergar la gratificación, para terminar una tarea antes de concederte una recompensa, esa disciplina aumentará tu autoestima y tu confianza en ti mismo. Te da un carácter mejor y más exigente. Te hace más fuerte, y todo acto de autodisciplina fortalece los actos posteriores de esta misma.

Así que algo que puedes hacer al principio es establecer un sistema de recompensas por terminar tareas. Un buen amigo me dijo hace muchos años que cuando se metió en el mundo de las ventas tuvo que quedarse sentado llamando para hacer citas. Lo denominaba "llamando por dólares". Hablé con un corredor de Wall Street la semana pasada, uno de mis clientes, y me dijo que hay una relación directa entre las llamadas y los dólares. Es simplemente una cuestión de cuántas veces levantas el teléfono y llamas. Sin embargo, el miedo al rechazo frena muchísimo a la gente. Así que mi amigo elaboró una técnica muy sencilla. Se preparaba una taza de café muy caliente y se la ponía delante, lista para tomársela. Decía que no le daría ni un trago hasta que hiciera la primera llamada y contactara con un posible cliente. Así que se sentaba frente al teléfono, hacía la llamada, hablaba con el posible cliente, colgaba el teléfono y le daba un trago al café.

Pero el café se estaba enfriando, así que hacía otra llamada lo antes que podía, y no le preocupaba mucho si el cliente estaba interesado o no. Lo que le preocupaba era conseguir otro trago más antes de que el café se enfriara del todo. Éste es un tipo de psicología inversa, cuando dejas de concentrarte en la tarea y te enfocas en otra cosa distinta para que disminuya el estrés causado por la tarea. Y lo hacía. Cada vez que conseguía contactar con alguien se permitía un sorbo del café. Cuando contactó con la quinta persona, la taza de café ya estaba vacía.

Después se le ocurrió otra idea. Le gustaban las galletas, pero no quería comer demasiadas. Así que tomaba una y la cortaba en trocitos, como de un centímetro, como cuando recompensas a un animal por hacer algo. Y cada vez que hacía una llamada, se recompensaba con ese pedacito de galleta.

Sus amigos bromeaban con él y le decían: "Mira a este tipo. Está inventándose un montón de juegos; está divirtiéndose con su mente". Al cabo de tres meses era el vendedor con más ganancias de su compañía. Estaba rompiendo récords, porque tenía más clientes potenciales. Decía: "Necesito 10 posibles clientes para esta semana", y entonces se sentaba y se tomaba un sorbo de café o un trocito de galleta.

Lo que ocurre es que la mente empieza a pensar cada vez más en la recompensa y menos en el estrés y la tensión de hacer la llamada y ser rechazado. Así que esto es algo que puedes lograr: establece una estructura de recompensas por buen comportamiento. Por ejemplo, si tienes que hacer un trabajo de gran envergadura, divídelo en partes pequeñas y recompénsate por terminar cada una de esas partes.

A lo mejor la primera recompensa es un trozo de galleta. Puede que digas que si haces 10 llamadas podrás levantarte a estirar las piernas y caminar un poco, y hablar con alguien más. A lo mejor, si haces 20 llamadas, podrás revisar el correo electrónico por primera vez en el día.

Recuerda que revisar el correo electrónico es una actividad de postre; no es una actividad de cena, y la clave para el éxito es cenar antes del postre. El lugar lógico para el postre no es el primer plato. Revisar el correo electrónico es el remate, así que si lo primero que haces por la mañana es revisar tu correo, estás comiéndote el postre primero.

Es exactamente lo mismo que si te sentaras a cenar y te sirvieran un enorme pedazo de pay de manzana y helado. Después, te servirían el plato principal. ¿Cuánto apetito te quedaría para este plato? Probablemente ninguno, porque el pay y el helado habrían saciado tu apetito.

¿Qué le pasaría a tu cuerpo, a tus niveles de energía y a tu salud si empezaras cada mañana con un enorme pedazo de pay de manzana y un helado? Tendrías menos motivación. Tendrías menos energía. Conseguirás una subida de energía, pero irá decayendo si no consumiste ninguna proteína. No estarías alimentando el cerebro, por lo que éste se cansaría enseguida. Ésa es una de las razones por las que es muy importante que el desayuno sea muy nutritivo, porque esa nutrición es la carga del cerebro. Es la glucosa; es la energía que llega al cerebro lo que te permite funcionar a un alto nivel.

Cuando la gente empieza con el postre en el lugar de trabajo, pierde el tiempo durante el resto del día. Quiere más postre. Envía más mensajes. Revisa su correo constantemente. Se para a hablar con los demás. Lee el periódico. Molesta a los otros. No puede ponerse a trabajar, porque ya se ha comido el postre.

En la actualidad, 50% del tiempo de trabajo se pierde completamente en actividades no laborales. Esa cifra es la media. Muchas personas la superan. Las altamente productivas están muy por debajo de ella. Pero la media es el 50% del tiempo perdido.

Sin embargo, si le preguntas a la gente si pierde el tiempo en el trabajo, dirán: "Para nada. Llego y no paro en todo el día". Y entonces, dices: "Bueno, resulta que te pusimos una cámara oculta durante las últimas 10 horas de tu día laboral desde que llegaste hasta que te fuiste. Nos gustaría reunirnos contigo y reproducirla, a ver qué pasa".

Y la ves. La persona en cuestión llega al trabajo. ¿Se pone a trabajar? No, lo primero que hace es ir a saludar a sus colegas, como si no se hubieran visto en seis meses. Después van como colibríes de flor en flor; van de uno en uno, restableciendo su relación. *¿Cómo estás? ¿Qué tal te va todo? ¿Qué hiciste la semana pasada? ¿Qué viste en la tele? Uy, qué lindo es eso. ¿Dónde lo compraste?* Llega un momento en el que la persona se da cuenta de que será mejor trabajar un poco antes de que se acerque el jefe.

Hoy en día, en promedio, la gente no empieza a trabajar hasta las 11:00 de la mañana. Luego, a eso de las 11:45, comienzan a desconectarse para la comida. Después, tienen un descanso de 60 minutos para comer, pero se toman 90 minutos.

Regresan a la 1:30, y tienen que restablecer todas sus amistades en la oficina. Hace 90 minutos que no ven a sus compañeros, así que van otra vez de flor en flor, conversando un poquito. Al final, piensan: "Uy, será mejor que me ponga a trabajar un poco", así que a eso de las 2:30 o 3:00 trabajan un poco. Y comienzan a desconectarse a las 3:30.

A veces hago bromas. ¿Alguna vez te has quedado atrapado en la hora pico del tráfico? En Los Ángeles empieza a las 3:30. La 401, una de las autopistas más importantes, se vuelve un estacionamiento. Si llegas a la autopista después de las 3:30, pasarás allí un montón de horas. Lo que normalmente cuesta 60 minutos, te costará de cinco a seis horas.

¿Pero de dónde proviene toda esa gente? Son personas que no salen hasta las cinco de la tarde. Lo que hacen es tratar de ganarle al tráfico para llegar a casa metiéndose a la autopista a las 3:30.

A lo que voy es a que la gente pierde su tiempo. Si les preguntas, te responden: "No, no". Es lo que se llama pérdida de tiempo invisible. Sólo cuando reproduces la grabación con un contador de los minutos y segundos en la parte inferior dicen: "Bueno, saludé a fulanito y eso cuando entró". Diecisiete minutos y tres segundos saludando a fulanito.

La siguiente persona, 11 minutos y cuatro segundos. La otra, 15 minutos y 25 segundos. Cuando ve estas grabaciones, la gente se queda muy sorprendida. No tenía ni idea de que estaba perdiendo la mayor parte de su tiempo.

¿Y cómo es eso? Lo primero que haces por la mañana es revisar el correo electrónico. Ya revisaste el correo, te comiste el postre, de ahí en adelante tu día es un día de postres. Te la pasas hablando con tus amigos, divirtiéndote, saliendo a comer y leyendo el periódico, viendo lo que venden en eBay y revisando otra vez el correo electrónico, y mandando y recibiendo mensajes. Te pones a mirar el Facebook y a enviar memes y bromas que sacas de ahí.

El trabajador medio de hoy en día pasa de una a dos horas de cada día hábil en Facebook, simplemente conversando con sus amigos. Después, responden sus correos de trabajo, y envían otros correos para recibir respuesta, y así sucesivamente. Al final del día, ven la grabación. Casi quieren vomitar.

Lo que están haciendo es destrozar su futuro. Están destruyendo todos sus sueños y esperanzas para el futuro simplemente por perder demasiado tiempo, porque no tienen esa perspectiva a largo plazo.

Así que es importante que empieces tu día con un horario muy claro, planeado y estructurado. Establece prioridades en ese horario, y después, agacha la cabeza y ponte a ello, y permanece así todo el día. Al entrar, saluda con la mano —¡hola a todos!— y ve directo a trabajar.

Una de mis grandes reglas, con la que me tropecé hace muchos años, es que hay que trabajar todo el tiempo que estás trabajando. Si alguien te dice: "Oye, ¿tienes un minuto para hablar ahora mismo?" "Me encantaría. Hablemos mejor después del trabajo. Ahora mismo tengo que ponerme a trabajar."

Ponte a trabajar. Ponte a trabajar. Siempre que te encuentres sin rumbo, repite las palabras *ponte a trabajar, ponte a trabajar.*

La gente pregunta: "¿Cómo lo haces?" "Mira, tengo que terminar este trabajo. Tengo que ponerme a trabajar. Hablaremos después."

Enseguida te dejan tranquilo. De inmediato descubren que no eres tan interesante. No estás listo para sentarte y pasar el rato durante un tiempo indefinido. Así que entra, di hola y ve directo a trabajar. Agacha la cabeza y trabaja todo el tiempo que estés trabajando.

Cuando hayas terminado tus ocupaciones, puedes alzar la cabeza y hablar con la gente, conversar con ellos. Deja que ellos se arruinen su carrera, pero no dejes que ellos desbaraten la tuya.

# DAN

Impresionante. Ésas son algunas ideas increíbles para mantener la motivación. También me encanta tu sistema de recompensas para mantener enfocada a la gente, porque puede llegar el momento en que alcances ese postre, y será entonces cuando necesites esos pequeños motivadores para seguir adelante.

Brian, has hablado del correo electrónico, y como ya sabemos, en la actualidad es sólo una de las muchas formas virtuales de comunicación. Todo el mundo lleva su *smartphone* encima todo el día, sean profesionales o adolescentes.

Parece que vayas donde vayas, la gente tiene su laptop abierta. Lleva el celular encima. Están las redes sociales, los mensajes de texto, el correo electrónico... todos esos tipos de comunicación electrónica. Este "ruido blanco" constante de comunicaciones y alertas las 24 horas del día, los siete días de la semana, está arrastrando a la gente hacia una sensación de urgencia. Parece que, cada vez más, nuestra sociedad e incluso nuestros lugares de trabajo han ido sucumbiendo poco a poco a este peligro.

Partiendo de la base de lo que dijiste del correo electrónico, ¿cómo desarrollamos esta perspectiva a largo plazo cuando tenemos todos estos dispositivos en nuestra vida que nos arrastran constantemente hacia esa urgencia? A veces la gente espera una respuesta instantánea. ¿Cómo puede organizarse la vida de forma que todo eso no te aleje de tus objetivos?

# BRIAN

Nuestra herramienta más poderosa es nuestra capacidad para pensar y nuestra capacidad para pensar con antelación. A veces yo pregunto: ¿cuál es el trabajo más valioso y mejor pagado que desempeñas? Es pensar en las consecuencias de tus comportamientos: si hago eso, ¿qué podría pasar?

De hecho, la capacidad de predecir con exactitud las consecuencias de tu comportamiento antes de actuar es la mayor señal de inteligencia. Aquellos que pueden jugar en el tablero de la vida y calcular "si hago esto, la vida hará esto otro, y entonces yo haré esto, tendré que hacer eso otro", y así. Todas las personas exitosas planean varias jugadas con antelación.

En cuanto al correo electrónico, cuando recibes uno es muy parecido a las máquinas tragamonedas. En esas maquinitas, cuando jalas, hace ¡ding, ding, ding! No sabes qué va a pasar. ¿Vas a ganar? ¿Vas a perder? Estás a la espera de la sorpresa.

Han descubierto que es exactamente la misma mentalidad la que está en busca del objeto brillante, cuando tienes abierto tu correo, y se apaga y hace ¡ding! *Tienes un correo electrónico.* Eso hace que dejes de hacer inmediatamente lo que estás haciendo. Dices: "Me pregunto qué habré ganado. A lo mejor es un amigo, a lo mejor es algo divertido; puede que sea un chiste". Y eso hace que te detengas.

Hace poco leí un libro sobre el funcionamiento del cerebro, y decía que actualmente hay dos obstáculos principales para el correcto funcionamiento del cerebro. El primero es la distracción. Nos distraemos por muchas cosas, sobre todo por las distracciones electrónicas.

El segundo es hacer muchas actividades al mismo tiempo. También se le llama multitarea. Hay muchos libros y artículos escritos sobre el mito de la multitarea. Es un mito, porque no lo hacemos. En lugar de eso, cambiamos de tareas, es decir, nos concentramos mínimamente en una tarea, y entonces nos llega un ¡ding!, y cambiamos a la computadora para revisar el correo. Después, volvemos a cambiar, pero tardamos de siete a 17 minutos en volver a la tarea anterior.

Te voy a decir un interesante descubrimiento, que es uno de mis favoritos: cualquier éxito en la vida proviene de una tarea terminada. No proviene de trabajar en las tareas, sino de terminarlas.

Al 82% de los estadounidenses les gustaría escribir un libro algún día. Les gustaría ser autores publicados; les gustaría contar sus historias, personales o sobre su profesión. Sueñan con escribir un libro y tenerlo impreso. Algunos lo intentan. Pero nunca lo terminan.

El mundo está lleno de manuscritos incompletos, poemas incompletos, planes de negocios incompletos. La gente no los termina. Pero la clave para el éxito es terminar las tareas.

Ésta es una forma impresionante de promover una perspectiva a largo plazo, y de volverse más exitoso. Cuando comiences tu mañana, imagínate que tu día laboral empieza a las 8:30. Lo primero que haces es una lista de todo lo que tienes que hacer ese día antes de empezar. No empieces nunca a trabajar sin una lista. Lo mejor es hacer la lista la noche anterior.

Si surge algo nuevo, escríbelo en la lista antes de hacerlo. No te dejes despistar por un objeto brillante, una llamada, un mensaje ni otra cosa. Escríbelo antes de hacerlo.

Entonces, supongamos que empiezas a trabajar a las 8:30. Lo tienes todo planeado, preparado, miras tu lista de tareas y dices: "Si sólo pudiera hacer una tarea de la lista antes de que me llamaran para salir de la ciudad durante un mes, ¿cuál querría estar seguro de terminar?" Después comienzas a trabajar en eso, y agachas la cabeza, y te pones a trabajar sin parar durante 90 minutos. Apagas la televisión, el teléfono, la computadora... todo. Agacha la cabeza y trabaja sin parar durante 90 minutos.

Después, párate, descansa un rato, camina un poco, sírvete un café o un té, durante 15 minutos. Luego, regresa, siéntate y concéntrate al máximo durante otros 90 minutos. Después, revisa el correo electrónico. Es tu postre. Ya has cenado.

Si puedes hacer dos sesiones de trabajo profundas de 90 minutos sin interrupciones ni distracciones cada mañana, duplicarás y después triplicarás y cuadriplicarás tu productividad, y al final, también tus ingresos. Cada vez terminarás más y más tareas. Se te conocerá por ser la persona a la cual acudir.

Hace muchos años tuve una gran experiencia. Estaba luchando y trabajando al máximo para ir ascendiendo, logré cerrar un trato inmobiliario, y conseguí amarrar la propiedad. Pero no tenía dinero.

Así que comencé a visitar empresas de desarrollo, y finalmente me topé con una. Me dijeron: "Si tus números se sostienen, estaríamos interesados en asociarnos contigo".

Yo había leído todos los libros; había 21 libros sobre desarrollo inmobiliario. Sabía exactamente cómo elaborar una factura proforma. Contraté a alguien que se dedicaba profesionalmente a la mecanografía, porque yo no tenía máquina de escribir, y para seguir con eso, elaboré esa propuesta.

Me senté con sus abogados de desarrollo inmobiliario. Les mostré que todos mis números y estados de cuenta estaban corroborados. Tenía cartas de intenciones de los principales arrendatarios. Tenía cartas de análisis de costos de una compañía de construcción. Tenía todos los costos, todas las fuentes de ingresos, todos los rendimientos en puntos porcentuales; cuánto ganarían si se rentara por completo, y así.

Al final, dijeron: "Ésta es la propuesta de negocio más completa que hemos visto jamás". La revisaron de arriba abajo, y dijeron: "Está bien, estamos dentro. Pagaremos 100% de todos los costos de desarrollo de este centro comercial a cambio de 75% de la propiedad, dejándole a usted 25% para que lo lleve a cabo hasta el final". Yo cumplí, y ellos cumplieron. Fue lo más increíble del mundo.

No mucho después de eso, el presidente de esta compañía, uno de los hombres más ricos y más respetados de Canadá, me llamó para que fuera a su oficina. Me dijo: "Me gusta tu forma de trabajar. Me gustan tu ética laboral y tus cualificaciones. Cumpliste todas las promesas que hiciste a tiempo. ¿Qué te parecería venir a trabajar para mí como mi asistente personal?"

Reflexioné la idea, y pensé que ésta podía ser la mayor oportunidad de mi vida. Así que llegamos a un trato, y me fui a trabajar para él como su asistente personal. Me asignaba muy pocas tareas, casi como si yo fuera un discípulo. Él nunca había tenido un asistente personal, así que tenía que pedirle: "Necesito hacer algo. Quiero que me des más tareas", y él me daba algo que hacer.

Fuera lo que fuera, yo corría a hacerlo inmediatamente y se lo traía, casi como un perro cuando se lanza por un palo y regresa. Y él asentía y sonreía. No hablaba mucho. Sólo sonreía. Así, unos días después, me daba algo más que hacer.

Eran tareas pequeñas, pero fuera lo que fuera lo que me ordenara, yo corría, lo hacía y regresaba de inmediato. Él decía:

"Chico, qué rápido. Te tomas esto muy en serio. No es tan importante. La próxima semana está bien".

Pero entonces llegaba una gran oportunidad y él me decía: "¿Quieres echarle un vistazo a esto?" Se convirtió en una compañía de importación y distribución con un valor de 25 millones de dólares, y él me hizo su presidente.

Llegó otra oportunidad: un desarrollo inmobiliario gigante, de cientos de acres, con casas, parques industriales, zona comercial, residencial… de todo. "¿Te importaría echar un vistazo a esto?" Me puse manos a la obra, armé un plan y se lo llevé. Así que me dejó a cargo de este nuevo desarrollo.

Después, dijo: "Estamos planeando construir un edificio de oficinas en el centro, y no estamos muy seguros de cómo configurarlo, cuál debería ser el costo y las rentas. ¿Te gustaría echarle un vistazo a eso?" Al poco tiempo estaba a cargo del desarrollo de un edificio de oficinas de 12 pisos en el centro de la ciudad.

Y seguía dándome encargos. Cada vez que me asignaba una tarea, yo me dedicaba a fondo a ella y la hacía de inmediato. Y trabajaba todo el tiempo que estaba trabajando. Trabajaba de 10 a 12 horas al día.

Al final de la época que estuve con él, cuando se jubiló, yo dirigía tres divisiones principales de la compañía. Estaba ganando más dinero del que jamás había soñado en mi vida. Había recibido más experiencia de la que nunca había imaginado. Tenía un personal a mi cargo de 42 personas en mis tres divisiones. Tenía la oficina más grande en la compañía, al lado de la suya.

Estaba por encima de todos los que trabajaban en ese gran conglomerado de empresas. Estaban celosos, y siguen celosos hasta hoy. Lo único que tenía era que cuando me daban una tarea, la hacía, y la hacía rápido, y al 100%. Si quieres algo terminado en un mes o dos, dáselo a uno de los demás. Si lo quieres rápido y bien hecho, dáselo a Brian. Sea lo que sea lo que le des a Brian, aunque esté muy ocupado, lo resolverá y lo hará.

Así es como se desarrolla una perspectiva a largo plazo. Me di cuenta de que no estaba trabajando simplemente a corto plazo; estaba trabajando para desarrollarme y para ampliar mis habilidades y capacidades para el largo plazo. Después de dejar a este caballero, seguimos siendo amigos para siempre, y yo había avanzado 10 años más en mi carrera de lo que jamás había creído posible. Tenía más experiencia y más conocimiento. Podía ganar más dinero. Pasé a desarrollar bienes inmuebles por un valor de 100 millones de dólares con las habilidades aprendidas bajo su supervisión y tutela.

La perspectiva a largo plazo significa que tienes que trabajar muy duro a corto plazo, trabajar cada día, agotando las dos sesiones de 90 minutos cada mañana. Comienzas a trabajar y no paras; te enfocas todo el tiempo que estás trabajando. Concédete recompensas y gratificación. "En cuanto termine tres horas productivas, revisaré mi correo, porque el correo electrónico es el postre. Después me iré a comer. Me merezco ya la comida, porque hice este trabajo."

De regreso, vuelve a darle duro. Ve ganándote la reputación en tu compañía de ser la persona que más trabaja de la organización. Imagínate que trajeran a una empresa externa de asesores de gerencia y preguntaran a todo el mundo en la oficina lo siguiente: "¿Quién es el que más trabaja aquí?" Estarías seguro de ganar el voto en la convención, y nadie más sabe que este concurso se está celebrando. Nadie más sabe que los investigadores van a venir. Tu trabajo es ganar, porque nada te hará avanzar más rápido en tu carrera que el ser conocido como la persona más trabajadora y productiva de tu negocio.

## DAN

Un consejo espectacular. Increíble. Me han dado ganas de salir corriendo y ponerme a trabajar. ¿Podemos hablar sobre este tema en relación con los adolescentes? Sé que muchos padres estarán leyendo esto. Lo leerán para su profesión, pero también estarán pensando en los hijos que están criando. Sé que los tuyos ya están grandes, pero actualmente muchos adolescentes son adictos a sus celulares. Se pasan toda la vida en ellos.

Mark Bauerlein, que escribió un libro fascinante titulado *The Dumbest Generation*, decía básicamente que nunca había existido una generación más privilegiada por su acceso a la educación, y sin embargo se pasan la mayor parte del tiempo viendo basura… videos basura, pornografía, todo tipo de contenidos horribles. Así que la pregunta que se hacen los padres es: ¿qué es lo mejor que puedo hacer por mi hijo preadolescente o adolescente para llevarlo al punto en el que pueda, por así decirlo, pasar la prueba del malvavisco? Se están saturando en este mundo digital como un pez nadando en el agua.

¿Hay algún consejo específico que puedas dar a los padres de cómo actuar con sus hijos preadolescentes o adolescentes adictos a esta vida digital que está interfiriendo con sus calificaciones u otros aspectos importantes?

# BRIAN

Sí. Si uno quiere volverse la influencia más importante en la vida de su hijo, tiene que volverse la fuente más importante de apoyo emocional y amor incondicional. Los niños se verán influenciados por sus compañeros y por sus amigos en la escuela, y por la gente que conozcan, pero siempre tienen que saber que uno es la persona más importante en su vida, en cuanto a que está totalmente dedicado a ellos.

¿Qué sensación es la que quiere tener todo el mundo? Todos quieren sentirse ganadores. Cuando uno se siente así, tiene la autoestima muy alta. Cuanto más se gana, más confianza y más respeto se tiene, y más felicidad se siente.

¿Cómo se logra la sensación de ganador? La respuesta es: ganando. Así es como se consigue la sensación de ganador.

¿Y cómo se gana? Cruzando la línea de meta.

En el mundo laboral hay que plantear el trabajo y dividirlo en partes más pequeñas. Déjame ponerte un ejemplo.

Muchas compañías solían recompensar a sus vendedores cuando lograban la venta, pero a veces, si la venta consistía, por ejemplo, en un gran equipo, podía tardar de cinco a siete meses. Ése era el ciclo de ventas, desde el momento en el que te ponías en contacto con el posible cliente, se pasaba por el proceso de licitación, el de presentación, el de diseño y el de instalación. Era entonces cuando el vendedor conseguía la recompensa.

Obviamente, esto estaba desmotivando mucho a los vendedores, porque no conseguían ningún beneficio por todo su trabajo. Así que las compañías dividieron este proceso de ventas en siete partes. La primera era la de presentarse cara a cara e identificar a un cliente potencial real que quisiera, necesitara y pudiera pagar el producto. Eso era un motivo de celebración, y recibían aplausos por haber abierto la puerta, haber roto el hielo, y haber comenzado el proceso.

El siguiente paso era la presentación de una oferta inicial sustentada en un análisis de la situación del cliente. Recibían recompensas con base en eso. En resumen, cada vez que finalizaban un paso, se les hacía sentir ganadores.

Nosotros descubrimos lo mismo con nuestros hijos. Cada vez que hacían cualquier cosa, la iniciaban y la terminaban, por ejemplo, limpiar su cuarto, pintar un dibujo en la guardería o leer un libro, le dábamos mucha importancia. ¡Increíble! ¡Buen trabajo!

Cuando mi hija mayor, Christina, trajo a casa su primer dibujo de la escuela, uno de bolitas y palitos, que representaba a personas, le pregunté: "¿Christina hizo esto? Christina, ¿tú hiciste esto? ¿Quién te ayudó a hacerlo? Este dibujo es demasiado bueno para que lo hicieras tú sola".

Tenía cinco años. Me contestó: "No, papá, lo hice yo solita". "No me lo creo. Es increíble. ¡Es buenísimo! ¿Podemos colgarlo en el refri? Quiero verlo cada vez que entre en la cocina. ¿Me ayudas a ponerlo en el refri, Christina?" Lo colgamos, y cada vez que pasábamos por ahí, decíamos: "¡Mira eso!"

Alguien vino a visitarnos. Le dije: "Déjame enseñarte algo. Es un dibujo que hizo mi hija, Christina. ¿No es precioso? ¿A que es muy lista?" A Christina le encantó.

Crié a tres hijos más, Michael, David y Catherine. Hice lo mismo cada vez que lograban cualquier cosa mínima. Le daba una gran importancia, para que se sintieran como ganadores.

Si haces eso, acabarán esforzándose por encontrar oportunidades para ganar. No soportarán jugar en línea, ser un "pantallascente". Se impacientan. Quieren conseguir buenas calificaciones como sea. Quieren hacer actividades que los hagan sentirse ganadores, porque sus padres siempre los hicieron sentir así cuando terminaban una tarea.

En la Biblia dice: "Bien, buen siervo y fiel, sobre poco has sido fiel, sobre mucho te pondré". Si elogias y animas a tus hijos cuando hacen cosas pequeñas, las harán cada vez más grandes, y se distraerán con más facilidad de aquellos de sus amigos que estén haciendo cosas inútiles. Dirán: "Me tengo que ir. Me voy a casa. Tengo que trabajar. Tengo que terminar mi tarea. Tengo que acabar esto".

Ni siquiera tendrás que influir sobre ellos, amenazarlos o pedírselo. Porque se sienten tan bien con ellos mismos que sacarán buenas notas por su cuenta.

## DAN

Gran consejo. Has hablado un poco sobre la gestión del tiempo. Una perspectiva de la gestión del tiempo que ha ayudado a muchísimas personas a centrarse en el largo plazo fue presentada por Stephen Covey en su libro *Los 7 hábitos de la gente altamente efectiva*, que a su vez tomó de A. Roger y Rebecca Merrill. Tiene que ver con los cuatro cuadrantes.

Me preguntaba si podrías explicar el concepto de los cuatro cuadrantes, sobre todo el del segundo cuadrante. Y también que si una persona organiza su vida alrededor del segundo cuadrante, puede animarla a diseñar su vida centrándose en el largo plazo para lograr sus objetivos.

# BRIAN

La teoría de los cuadrantes de la gestión del tiempo divide todo lo que haces en cuatro partes. Imagínate una caja dividida por la mitad y otra vez por la mitad, de modo que quedan cuatro cuadrados. Les pones número a los cuadrados: 1, el cuadrado superior izquierdo; 2, el cuadrado superior derecho; 3, el cuadrado inferior izquierdo, y 4, el cuadrado inferior derecho. Ya tienes los cuatro cuadrantes.

Después, los divides basándote en la urgencia y la importancia. El grado de importancia se mide en el lado izquierdo, de arriba abajo, así que se considera que el cuadrante número 1 es importante. O, lo urgente, está en la parte superior, así que ese cuadrante es tanto importante como urgente. Ése es el cuadrante 1. Está en la parte superior izquierda. Se le denomina cuadrante de la inmediatez. Casi siempre está determinado por fuerzas externas, compromisos, tareas que tienes que hacer y que tienes que hacer ya: reuniones a las que ir, clientes a los que llamar, y todo eso.

La mayoría de la gente se pasa la vida en el primer cuadrante. Hace cosas que son inmediatas e importantes. Por cierto, si no las haces, puede ser muy peligroso para tu trabajo. Si no haces esa tarea, si no atraes esas ventas o si no terminas una tarea determinada podrías perder tu trabajo, así que hay que empezar por ahí. Siempre hay que trabajar en el cuadrante de la inmediatez.

El siguiente cuadrante superior, el de la parte derecha, es el cuadrante número 2. Es el cuadrante de las cosas que son importantes, pero no urgentes. Se le denomina cuadrante de la eficacia. Son las cosas que tienen posibles consecuencias a largo plazo en tu vida: mejorar tus habilidades, tomar más cursos, escribir propuestas, planes e informes, leer libros y artículos, y todo eso.

Todo lo que hagas que no sea urgente, pero sí importante, está en el segundo cuadrante. Todo lo que está en esa posición puede retrasarse. Claro que puedes dejarlo todo para después, pero sea lo que sea que esté en ese cuadrante 2 que no es urgente, acabará siéndolo.

Un ejemplo perfecto se da en la universidad. Al inicio del curso te dirán que 50% de tu calificación final estará determinado por tu ensayo final. Tienes que presentarlo a las ocho de la mañana de tal fecha, o perderás 50% de tus calificaciones para ese curso.

Repiten lo mismo cada semana. Recuerden, 50% de sus calificaciones dependerá de su ensayo final. No lo retrasen. No lo dejen para más tarde. Comiencen a trabajar en él ahora. Termínenlo pronto.

¿Y qué ocurre? Pues 90% de los estudiantes lo retrasa y lo retrasa, porque aún no es urgente. Es importante. Es muy importante; determina el éxito total de su curso, que incluso puede contar para su éxito total del año escolar. Pero lo retrasan sin remedio.

¿En qué momento se redacta la mayoría de los ensayos finales? La noche de antes. A mí me pasó durante mi maestría. Llegué a casa a las cinco de la tarde. Me había preparado una cafetera gigante y, sentado en mi mesita de la cocina, comencé a escribir. Escribí toda la noche, una taza de café tras otra. Entonces, cuando salió el sol, me metí a mi carro. Corrí a la universidad y a la oficina del profesor, y deslicé mi ensayo bajo su puerta.

Cuando miré por debajo de la puerta, vi que estaba atascada con los ensayos finales. Todo el mundo lo hizo en el último minuto. A lo que voy es que durante mucho tiempo el ensayo fue importante, pero no urgente. Pero llegó un momento en el que se convirtió en extremadamente urgente... más que cualquier otra cosa.

Lo que decía Covey, y también los Merrill, es que hay que terminar todo lo que está en el primer cuadrante, las cosas que hay que hacer en el momento. Después, hay que comenzar lo del segundo cuadrante con posibles consecuencias a largo plazo.

En el tercer cuadrante, en la parte inferior izquierda, están aquellas actividades que son urgentes, pero no importantes. Son asuntos como la gente que tiene que hablar contigo, los correos electrónicos, alguien que se acerca a tu mesa, conversar con la gente, ir a comer, y todo eso. Son urgentes, porque las tienes frente a las narices, pero no son importantes. A éste se le llama cuadrante del engaño.

Eso quiere decir que estás trabajando, interactuando con la gente, así que te engañas a ti mismo pensando: "Estoy trabajando. Esto forma parte de mi empleo. Esto es lo que tengo que hacer para llevarme bien con mis colegas. Tengo que pasármela bien en el trabajo".

Cualquiera que te diga que hay que pasársela bien en el trabajo es un perdedor, una persona sin futuro. Esta persona se jubilará pobre, tendrá que vivir de su pensión, y probablemente acabará en una residencia de ancianos, donde nadie la irá a visitar. Cualquiera que te diga que el trabajo tiene que ser un lugar divertido es porque no se toma en serio su futuro.

No es que no tengan que gustarte tus colegas. No es que no tengas que reír con ellos, pero hazlo en el contexto de colaborar juntos para conseguir sacar adelante el trabajo, no para estar tranquilamente sentados en el chisme. En el cuadrante del engaño, la gente se engaña pensando que trabaja cuando lo que está haciendo es, al 100%, perder totalmente el tiempo.

El cuarto cuadrante, en la parte inferior derecha, es el cuadrante donde está lo no urgente y no importante, y se le llama el cuadrante del desperdicio. Hojear el periódico, revisar los correos electrónicos al azar, buscar cosas en venta, llamar a casa para ver qué hay de cenar, y cosas así.

La mayoría de la gente pasa la mayor parte del tiempo en los cuadrantes 3 y 4. Tu trabajo es darle la vuelta. Pasa todo tu tiempo en los cuadrantes 1 y 2. Termina lo que tengas que hacer ahora lo más rápido posible, que sea tanto urgente como importante, y después pasa cada vez más tiempo en el segundo cuadrante. Esas actividades tienen un valor a largo plazo, y pueden suponer una gran diferencia en tu negocio.

## DAN

Brian, nos has dado un montón de buenas ideas sobre la perspectiva a largo plazo y para retrasar la gratificación. Me gustaría terminar con un pensamiento, uno que deje reflexionando a la gente en cómo desarrollar esa perspectiva a largo plazo.

## BRIAN

Cuando haces el ejercicio de establecer objetivos del que hablamos antes, debes elegir tu objetivo más importante en la vida. Puedes tener un objetivo personal para tu vida personal: tu familia. Puedes tener un objetivo de salud, y puedes tener un objetivo laboral o empresarial. Pregúntate: "¿Cuál es mi mayor meta laboral o empresarial?" Aquel que conecte directamente tus ingresos, tu velocidad de ascenso y tu nivel de respeto en la compañía.

Después, pregúntate: "¿Cuál es la actividad más importante en la que puedo participar ahora mismo para lograr mi objetivo laboral más importante?" Eso se vuelve tu comienzo al inicio de cada día. Te creas una disciplina para comenzar así, antes de revisar tu correo o cualquier otra cosa. Te creas el hábito de trabajar sin descanso en esa única tarea hasta que la terminas, y lo haces una y otra vez (hablaremos sobre los rituales un poco más adelante). Lo haces continuamente hasta que el hecho de sentarte y empezar a trabajar en tu tarea más importante se vuelve algo automático, y te pones a trabajar en ello al máximo hasta que lo terminas.

En cuanto desarrollas ese hábito de terminar tu tarea más importante desde temprano, te convertirás en una de las personas más productivas, más respetadas y mejor pagadas de tu campo.

# Capítulo 8

## Cómo mantener la motivación, tercera parte: las claves para ser resiliente cuando la vida se complica

### DAN

Brian, en este capítulo hablaremos de los momentos más difíciles, no sólo de las pequeñas molestias que puede arrojarte la cotidianidad, sino de las dificultades reales e importantes que atraviesa la gente a lo largo de la vida. Hablemos de cómo se puede mantener la motivación cuando se pasa por algo que puede sacarte del camino, si no estás preparado. Me gustaría comenzar por comentar cómo se aplica la ley de Murphy tanto en nuestra vida laboral como en nuestra vida personal y cómo debemos esperar que, a pesar de nuestra mejor motivación y planificación, la vida nos va a lanzar al menos una o dos bolas curvas, o más, durante toda nuestra vida.

Puede que incluso quieras empezar comentando algunos de los retos que tuviste en tus negocios cuando eras joven, cuando te enfrentaste a la bancarrota, o algunos de los problemas de salud que tuviste hace poco, y qué hiciste para mantener tu motivación en esos momentos.

# BRIAN

Antes hablamos sobre el papel que desempeñan las expectativas en la motivación, la actitud, el rendimiento y el comportamiento. Las expectativas determinan tu nivel de resiliencia, tu nivel de persistencia… todo. Así que siempre tenemos que preguntar ¿cuáles son tus expectativas?

Voy a poner un ejemplo. En Harvard descubrieron que los líderes odian la idea de perder. Odian la idea de fracasar, pero saben que es imposible lograr nada que merezca la pena sin cometer errores, sin perder, sin tener contratiempos y dificultades. Así que, de todos modos, se lanzan a ello.

Comencé a estudiar este tipo de psicología hace muchos años, como ya te dije, y pasé miles de horas en ello. Algo que descubrí, y que me caló muy hondo, fue lo que se denomina preprogramación. Se puede llegar a preprogramar el subconsciente con mucha antelación al incidente, de modo que cuando éste ocurra se esté preparado. Como dijimos, es como tomar un curso de primeros auxilios mucho antes del accidente, para que cuando éste ocurra estés preparado.

Algo para lo que uno se puede preprogramar es para el hecho de que se van a tener numerosos errores, fracasos, desafíos, obstáculos, dificultades, contratiempos y desilusiones. Todo ello es parte inevitable e inexcusable de una vida activa. La única forma en la que puede que no ocurra nada de eso es si te quedas sentado en un cuarto en soledad. Incluso en ese caso podrías tener todo tipo de problemas.

Entonces, dices: "Voy a tener todo tipo de problemas y dificultades en la vida, pero nunca dejaré que me depriman. Pase lo que pase, estoy seguro de que me recuperaré. Encontraré una forma de superarlos o rodearlos. Volveré a intentarlo o trataré de hacer algo distinto".

Sólo repítete eso a ti mismo. Ayuda mucho. Así, la próxima vez que tengas un obstáculo, cuando tengas una decepción o una desilusión, te sentirás como si te hubieran dado un puñetazo en el plexo solar emocional. Te sentirás aturdido, desilusionado, desengañado. Pero la pregunta que importa es: ¿cuánto tiempo piensas quedarte así?

Todo el mundo siente una ola de decepción cuando algo que esperabas que saliera bien sale mal. La pregunta es: ¿con qué velocidad te recuperas? Si te has preprogramado, esta recuperación es automática. Pero si tenías la idea de que la situación iría bien y que iba a funcionar, que la vida iba a ir bien, y al final resulta que no, entonces tu decepción, el choque entre tus expectativas y la realidad, hace que te deprimas, te sientas enojado y ataques.

La verdad es que escribí un libro entero sobre este tema, del que hablaremos dentro de un rato, cuando lleguemos al asunto de la gestión de crisis. De hecho, en la actualidad estoy dando charlas por todo el mundo a compañías sobre mis cursos de negocios, y me están pidiendo que meta un módulo de una o dos horas sobre la gestión de crisis, la anticipación de crisis o sobre cómo ver las crisis. ¿Qué se puede hacer para pensar con claridad y de forma eficaz y obtener mejores resultados en cualquier crisis que se produzca en tu vida empresarial?

El punto crítico es el hueco existente entre las expectativas y la realidad. Si esperas que la vida va a ser difícil, y que vas a tener una gran cantidad de dificultades y contratiempos inesperados, pero no vas a dejar que te depriman, entonces, cuando ocurran, no te deprimirás. Simplemente, te recuperarás de manera automática.

## DAN

Eso es maravilloso. Así que hay dos formas distintas de enfrentarse a los contratiempos. Una es la que se plantea en el famoso libro de M. Scott Peck, *El camino menos transitado*, que comienza con la provocativa frase: "La vida es difícil". En cuanto comprendes y aceptas eso, de alguna manera la vida deja de ser difícil, porque estás preparado para todo lo que se cruce en tu camino.

La otra forma tiene un enfoque más *new age*, o quizá provenga de algo como *El poder del pensamiento positivo*. Consiste en replantearse la situación diciendo que la vida en realidad no es tan difícil. Cuando piensas en ello, la verdad es que no es tan complicada. Todo es cuestión de actitud. Si la percibo como algo enredada y cuesta arriba, entonces hay un problema. Hay que cambiarlo a un enfoque más del tipo la vida es fácil, la vida fluye.

Así que tenemos dos enfoques distintos. Uno enfrenta la dificultad y la acepta, y el otro usa tu mente para hacer gimnasia mental, por así decirlo. Tengo curiosidad por saber cuál de estos dos enfoques prefieres y por qué crees que uno es superior al otro.

## BRIAN

Bueno, ambos son positivos. Pero volvamos a tu sugerencia anterior sobre la ley de Murphy. Ésta es la divertida ley que dice que todo lo que puede salir mal saldrá mal.

El primer corolario de la ley de Murphy es que todo lo que puede salir mal saldrá mal, y costará la mayor cantidad de dinero. El segundo corolario es que todo lo que puede salir mal saldrá mal y te llevará la mayor cantidad de tiempo. Además, está la ley de Smith, que decía que Murphy era un optimista.

Yo trabajo con miles de dueños de negocios, y les doy la regla del dos y el tres: todo lo que planees en tu negocio va a acabar costándote dos veces más y te costará tres veces más de tiempo, sobre todo si estás comenzando uno y buscas llegar al equilibrio, al punto en el que podrás tener más beneficios que gastos. Incluso aunque tengas una buena mente empresarial, te va a costar el doble de tiempo que en tus mejores cálculos, y te va a costar tres veces más en cuestión de dinero, o viceversa. Siempre son tres y dos, o dos y tres.

Ha habido personas que regresaron a mí después de empezar un negocio. Decían: "Mira, escuché lo que dijiste y pensé: 'No. Puede que eso sea cierto para él u otras personas, pero no para mí'. Sabía que ése no iba a ser mi caso, pero resultó que sí". Todo cuesta el doble de tiempo y tres veces más dinero, o el triple de tiempo y el doble de dinero.

Así que introduces eso en tus cálculos. Al hacerlo, cuando descubres que tus mejores expectativas no funcionan, no te sientes destruido ni decepcionado, porque en lo profundo de tu mente dijiste: "Sabía que esto iba a pasar". Puedes programarte para que cuando las cosas vayan mal logres sortearlas como un boxeador y no dejes que te noqueen.

Busca el lado bueno de cada situación. Si tienes un contratiempo o una dificultad, di: "Está bien". Después, investígalo y di: "¿Qué podría haber de bueno en esto?"

Con frecuencia, tu mayor éxito saldrá de lo que parece ser un gran fracaso. A veces las personas comienzan un negocio que se va a la quiebra, pero las lecciones que aprendieron ahí les permiten tener éxito financiero después o, incluso, llegar a ser millonarias. Luego echan la vista atrás y dicen: "Gracias a Dios que ese primer negocio quebró. Estaba en el sector equivocado. Todo el mundo se metió en él y lo perdió todo. Nosotros perdimos, pero fue una cantidad pequeña y en poco tiempo. Tuvimos suerte. Gracias a Dios. Es casi como si alguien nos estuviera vigilando y ayudándonos a fracasar". Hay una regla que dice: fracasa pronto, aprende rápido y vuelve a intentarlo.

El año pasado impartí un curso en Estocolmo. Cuatro VIP habían pagado una tarifa extra especial para comer conmigo durante ese curso. Así que me senté con ellos. Eran ingenieros de software.

Saltaba a la vista que estaban un poco preocupados. Me dijeron: "Necesitamos su consejo. Ha trabajado con muchas compañías". Yo les respondí: "Muy bien, ¿en qué puedo ayudarlos?"

"Hemos estado vendiendo un programa de software, y descubrimos que el modelo de negocio no funcionaba. Era difícil sacar las ventas. Así que creamos un modelo de negocio nuevo, que consiste en que vamos a rentar el programa y ponerlo en marcha, para que así el gasto inicial del cliente sea mucho menor. No sólo eso, sino que, además, si hay algún problema, nosotros nos ocuparemos de él, y así será mucho más sencillo, más barato y, en definitiva, un programa mucho más rentable, porque podremos vender muchos más."

"¿Y cuál es el problema?", pregunté.

"No está yendo bien. Nuestros ingresos son bajos, y nuestro equipo de vendedores no se pone de acuerdo. Los clientes con los que hablamos están acostumbrados a que el programa sea suyo. Ahora les están diciendo que no es posible, que sólo pueden rentarlo."

Les dije: "Según Peter Drucker, todo modelo de negocio necesita cuatro repeticiones antes de que sea el adecuado. A veces son muchas más, pero el mínimo son cuatro. Ustedes sólo lo han intentado una vez. Les quedan tres formas distintas de hacerlo antes de alcanzar la media".

Tendrías que haber visto la sonrisa de alivio en sus rostros. Me dijeron: "Muchísimas gracias por decirnos eso, porque nuestra expectativa era que si éste era un buen modelo de negocio, tenía que funcionar inmediatamente".

"No, no se preocupen —los tranquilicé—. Es como preparar una receta en la cocina. Da igual lo buen cocinero que seas, la primera vez que la preparas no va a saber tan bien. Por eso, lo que tienes que hacer es repetirla, cambiar algunos de los componentes, algunos ingredientes y algunas proporciones, probarla, hacer que otros la prueben, te digan lo que opinan y ver qué pasa. Hay que hacer esto al menos cuatro veces antes de que empiece a saber bien. Lo mismo ocurre con un modelo de negocio nuevo." Como dije antes, a veces son 14, 40 o 100 veces, pero debes seguir trabajando en ello hasta que funcione a la perfección.

Ésta es la actitud que hay que tener. No hay que esperar que todo funcione perfectamente a la primera. No hay que esperar que tu gran idea sea una gran idea.

Algo que enseñamos en los negocios es que hay ideas a montones; la gente tiene cientos de ideas. Lo primero que hay que aplicar es lo que se llama prueba de concepto. Alguien te dice: "Tengo una idea increíble para un producto o servicio, o un precio o una forma en la que podemos comercializar o vender y hacer crecer el negocio".

Y entonces, contestas: "Muy bien. Eso es una idea. La idea no tiene ningún valor. Todo el mundo tiene ideas; hay millones de ellas. Ahora tienes que demostrar que es real".

¿Cómo demostrar que es real? Hay que acudir a la persona que esperas que consuma tu producto o servicio y se lo das. Le preguntas: "¿Te gusta? ¿Lo comprarías? ¿Te hace feliz? ¿Es mejor que los productos de nuestra competencia? Si es así, ¿por qué? Si no lo es, ¿por qué no? ¿Qué cambios deberíamos hacer?"

Ésta es la vanguardia del futuro en la actualidad: comienzas con la certeza de que tu primera repetición no va a funcionar, ni la segunda, ni la tercera ni la cuarta.

Cuando comencé en el mundo de las ventas, tocando puertas a mis 23 años, vendía un producto pequeño. Costaba 20 dólares. Se trataba de una membresía para un club de bonificaciones; te daban una tarjetita, como una tarjeta de crédito, y te servía en más de 100 restaurantes para conseguir de 10 a 20% de descuento en la cena.

Así que podía recuperarse la inversión en un solo uso. Un hombre de negocios puede salir con otros empresarios o sus familias, y en uno o dos usos se amortiza con creces. Pague 20 dólares y podrá usarla indefinidamente durante un año. Ahorrará cientos de dólares. La recompensa era tremenda.

Bueno, como casi todos los jóvenes vendedores, pensé que todo el mundo la compraría. Todo lo que tengo que hacer es mostrarla y decirles para qué sirve, y me la quitarán de las manos.

Así que salí a tocar puertas, y todo el mundo me decía que no. "No, no lo quiero. No, no me lo puedo permitir. Ahora mismo no estoy trabajando. No creo que vaya jamás a ninguno de esos restaurantes." Tenían todas las excusas de libro, y todo el mundo decía no o alguna versión del no.

Fui de puerta en puerta, hora tras hora, de puerta en puerta. Al fin alguien me dijo: "Mira, esto es bastante normal. Cuando empiezas, recibes muchos rechazos. Lo que tienes que hacer es conseguir más rechazos. Tienes que comprender que las ventas son un juego de fracasos, no uno de éxitos. Es un juego de noes. Es un juego de probabilidades. Tu trabajo es fracasar con más frecuencia".

Así que entre llamada y llamada, corría. Corría de oficina en oficina, y cuando estaba buscando posibles clientes en los barrios, corría de casa en casa. De hecho, corría casi como un corredor profesional, un mensajero, para que me rechazaran con más frecuencia. Seguí haciendo lo mismo hasta que di con un método de ventas, y en un día mis ventas se habían triplicado.

Pero me esforzaba sin parar, y cada vez me daba más cuenta de que esto no es un juego de ventas. Es un juego de fracasos. Vas a fracasar una y otra vez para poder tener éxito. En cuanto consigas tener esa actitud, nada te detendrá.

Cuando enseño a vendedores, les digo: "Si quieres que tu carrera en ventas o los vendedores de tu compañía se activen de verdad, haz un concurso. Nosotros lo llamamos el concurso de las 100 llamadas. Todo el mundo se compromete a hacer 100 llamadas lo más rápido posible sin preocuparse de si logran una venta o no. Se considera llamada a cualquier contacto hablado con un posible cliente, bien por teléfono o en persona. Al que consiga hacer primero las 100 llamadas, la compañía le pagará, junto a su cónyuge, una velada en el mejor restaurante de la ciudad".

Lo conviertes en un juego, y cada día, todo el mundo va e informa de la cantidad de llamadas que hizo. Todo el mundo está compitiendo para ser el ganador de la cena en el restaurante de lujo. A nadie le importa si vende o no; sólo le preocupa alcanzar esa cifra. Y las ventas se disparan.

## DAN

Increíble.

## BRIAN

Recuerdo que estaba trabajando en una compañía. Era de *marketing* telefónico. Y tenían el siguiente sistema: la empresa le pagaría la comida a la primera persona que consiguiera los 10 primeros noes desde muy temprano por la mañana.

Todos se alineaban como caballos en la puerta, preparados con sus teléfonos. Listos, y a las 8:30 de la mañana alguien decía: "Ya". Todo el mundo comenzaba a llamar y a llamar, hasta que al final alguien brincaba y tocaba la campana. Habían hecho 10 llamadas y habían conseguido 10 rechazos más rápido que nadie.

Hablaban entre ellos y se preguntaban: "¿Qué te ocurrió?" "Llamé a alguien y quería comprar, así que tuve que perder tiempo para tomar el pedido y recibir el dinero." "Yo igual, hice dos ventas. No pude llegar a los 10 noes porque todo el mundo quería comprar."

Cada vez que una compañía usa esto, se quedan asombrados. Para empezar, todo el mundo se ríe, así que la persona al otro lado del teléfono oye las risas. Es decir, son positivos, sonríen, están felices. No les importa si compras o no; solamente quieren hacer esa llamada y ya.

Dicen: "Cuéntame más de ese producto. Se oye muy bien. Estaba pensando en algo así. ¿Cuánto cuesta? ¿Cómo lo consigo?" Y empiezan a vender sin parar.

El dueño de esta compañía se jubiló multimillonario seis años después, a los 50. Se mudó a Palm Springs, y juega golf todos los días. Dijo que nunca había ganado tanto dinero en su vida como cuando nadie se preocupó por el rechazo.

## DAN

Eso es genial. Es casi como lo que llaman "terapia de exposición", cuando te expones a aquello que te da más miedo.

Hablas de una mentalidad resiliente, de tener la capacidad de enfrentar tus miedos. ¿Puedes pensar en otras cualidades específicas que destaquen y que hayas observado en las personas resilientes?

## BRIAN

Armé un programa sobre gestión de crisis hace algunos años durante la crisis de 2001. Lo actualicé en 2006 y 2007, y ahora doy conferencias por todo el mundo en países que atraviesan crisis bastante intensas. Me piden que hable de la crisis, y por eso extraje las mejores ideas que tenía.

Soy la única persona que ha escrito hasta el momento un libro sobre el tema, por cierto, y se titula *Crunch Point: The Twenty-One Secrets to Succeeding When It Matters Most*, es decir, los 21 secretos para tener éxito cuando más importa. El primero es que cuando algo va mal hay que mantener la calma. Simplemente mantenerla.

A lo largo de mi carrera he trabajado como consultor y asesor, e incluso puedo decir que he sido amigo de algunas personas bastante ricas, incluidos multimillonarios y billonarios. He trabajado con ellos a veces en época de grandes dificultades o crisis dentro de sus compañías. Hay algo que va muy mal, algo totalmente inesperado. Los observo y observo cómo manejan la situación. Hasta yo mismo me llego a emocionar y alterar, porque me preocupo en serio por mis clientes.

Los observo y todos se tranquilizan. Todas las personas importantes que he conocido están en una calma absoluta en medio de una crisis.

¿Por qué? Todo el pensamiento se lleva a cabo en el neocórtex, la corteza frontal del cerebro, y eso es lo que nos hace humanos. Ahí es donde pensamos, analizamos, comparamos y, al final, decidimos.

Mientras mantengas la calma, toda tu corteza frontal estará a pleno rendimiento. Está iluminada y funcionando. Pero en cuanto te enojas o te emocionas, se cierra. Es como si apagaras todas las luces de un edificio. Regresas a tu sistema límbico, que básicamente es luchar o huir. Está estimulado por las emociones: la ira, el miedo, el ataque, la culpa.

Todas estas emociones negativas dominan de repente tus pensamientos. Pero en cuanto te tranquilizas y respiras hondo, tu sistema límbico, las emociones, se estabiliza. Los lóbulos de tu corteza prefrontal se abren y comienzas a ver las cosas con mayor claridad.

He oído historias de grandes generales en época de guerra, con ataques y contraataques increíbles y gente muriendo: su nivel de calma es impresionante. Piensan con claridad y dirigen la batalla con calma y precisión. Mientras que, a veces, sus enemigos se enfurecen y se enojan. Toman las decisiones equivocadas, lo que puede acabar en un cataclismo.

Así que el punto de partida para tratar una crisis en cualquier momento es guardar la calma. Lo siguiente es conocer los hechos. Siempre que te encuentres en una crisis, detente, haz una pausa y conoce los hechos. Nunca creas lo que has oído por ahí. Averigua si se trata de un problema real. Si el problema es tan terrible como dicen. Averígualo, porque nada es tan malo como parece en un principio. Nada es tan bueno como parece en un principio. Así que conoce los hechos y haz preguntas.

Esto es lo más extraordinario de todo: es imposible hacer preguntas inteligentes y estar enojado o molesto al mismo tiempo. El simple hecho de hacer preguntas te tranquiliza, activa el lóbulo frontal y te hace ver la situación con claridad. Además, también tranquiliza a todos los demás.

La marca de los líderes es que, siempre que se encuentran ante un gran contratiempo o dificultad, dicen: "Muy bien, sentémonos. ¿Qué es lo que ha pasado aquí exactamente, y cómo sabemos que es cierto? ¿Alguien ha corroborado que eso fue lo que pasó en verdad? ¿Cuándo ocurrió? ¿Cómo pudo pasar esto en estos momentos? ¿Cuáles son los pasos exactos que se dieron, y quién estuvo involucrado? ¿Con quién podríamos hablar para resolver esto? ¿Qué pasos podemos dar ahora? ¿Qué pasos podríamos dar para minimizar el daño o la pérdida potenciales?"

Conforme vas haciendo estas preguntas, todo el mundo se tranquiliza, y sus lóbulos frontales se activan. Enseguida hay un grupo de personas pensando con calma, claridad y raciocinio sobre las acciones que puedes tomar de inmediato para minimizar el costo de la crisis.

Otro aspecto de la gestión de crisis es que siempre se debe aceptar la responsabilidad, como ya dijimos antes. La tendencia natural es culpar a otras personas o circunstancias cuando al momento van mal, pero como mencioné, si lo haces, te vuelves irritable de inmediato. Todas las emociones negativas se basan en la culpa, y el antídoto frente a este sentimiento es aceptar la responsabilidad.

Por ejemplo, mis empleados venían a mi oficina y me decían: "Tengo este problema; me ocurrió esto. Estas personas nos engañaron". Yo les contestaba: "Un momento. Tranquilícense. Ustedes son personas responsables. Ésta es su área de responsabilidad, así que analicemos esto. ¿Qué ocurrió exactamente? ¿Cómo ocurrió? ¿Qué van a hacer? ¿Cuál es su siguiente paso?" En lugar de que vinieran a pasarme el problema, yo le daba la vuelta y se lo ponía de nuevo en sus manos.

Con el tiempo, ocurrió algo increíble. Me decían: "Tenemos este problema" (siempre hay problemas en los negocios), y me lo decían con calma. "Ocurrió esto, y yo soy el responsable, así que decidí que voy a hacer esto."

Después, me explicaban su plan de acción. Me decían: "¿Qué te parece eso?" Y yo respondía: "Está muy bien". En la mayoría de los casos, ellos estaban más cerca de los problemas, por lo que su idea era mejor que la de nadie más.

Sin embargo, a veces, yo decía: "¿Saben? Yo ya vi este problema antes, y podrían pensar en hacerlo así también". Se iban diciendo: "Uy, esa idea es genial. No había pensado en eso". Dan ese paso más y se alejan orgullosos, confiados; tienen la mente despejada y tranquila. No hay nada de culpa ni ira por mi parte.

Siempre pasa algo en los negocios. La gente te engaña, las circunstancias no van como esperabas, las ventas no funcionan, y cosas así. Simplemente, mantén la calma y gestiónalo. Puedes hacer lo mismo con cualquier problema grave en la vida. Debes tomar por adelantado la decisión de que, pase lo que pase, mantendrás la calma y la lucidez, harás preguntas y encontrarás una solución, y actuarás al respecto.

## DAN

Es casi como un enfoque meditativo, y me parece genial. No se ven muchos ejemplos de eso en nuestra cultura, y mucho menos en nuestra cultura popular. No hay duda de que necesitamos fijarnos en los mentores, en aquellos líderes de nivel 5 de los que hablabas antes, para enfrentarnos a situaciones así.

Vamos a aplicar algunas de las ideas que acabas de plantear a grandes dificultades que se nos presentan en la vida. La gente tiene dos miedos principales en la vida: el miedo a hablar en público y el miedo a la muerte.

Todas estas grandes pérdidas de las que te voy a pedir que hables son muertes de una forma u otra.

Una es el divorcio, la muerte de un matrimonio. La segunda es la bancarrota, la muerte de un negocio, al menos en algunos casos. Hay distintos tipos de bancarrota, pero en este caso yo estoy pensando cuando alguien se enfrenta al cierre de su empresa.

La pérdida de un trabajo. La pérdida de un padre o una madre. La pérdida de la pareja o de un hijo. Por último, la posible pérdida de la propia vida, un diagnóstico mortal.

Hablemos de todas ellas. Sé que tú mismo te has enfrentado a algunas o has conocido gente en situaciones muy difíciles como ésas. ¿Cómo lidiaron específicamente con estas situaciones para volver a ponerse en pie? ¿Qué estrategias específicas podrías aportar para algunas de estas circunstancias?

## BRIAN

Vamos a hablar del divorcio, o de la ruptura de una relación. Puede resultar un acontecimiento extremadamente emotivo y traumático. En algunos casos, la pareja puede llegar a un acuerdo amistoso para seguir sus caminos por separado. Pero en muchos otros puede ponerse muy feo. Se involucra a abogados, y quieren que pelees lo máximo posible para que puedan ganar la mayor cantidad de honorarios posible.

La gente no se da cuenta de que los abogados cobran por horas. Cuando acudes a ellos con un problema, su objetivo es que el contador suba lo máximo posible antes de resolver el problema. Querrán presentar todo tipo de declaraciones e investigaciones, y mucho seguimiento.

Entonces, acudes a un abogado especialista en divorcios. Su trabajo es lograr que te enojes tanto con la otra persona que harás subir el contador durante mucho tiempo. Conseguirán que exageres todo lo malo que ocurrió y la poca justificación que tenía todo, para que pienses que tienes derecho a una gran compensación económica y todo eso. Así que tenlo en cuenta.

Éste es el punto más importante. Cuando dos personas establecen una relación, lo hacen con la mejor de las intenciones. Muchas de éstas no funcionan porque la gente cambia y evoluciona en el transcurso de dicha relación.

La mayoría de los divorcios se produce cuando la gente está a punto de cumplir los 30. Se casan a los veintipocos y durante esa década pasan por el periodo de cambio de carácter más rápido y drástico de sus vidas. Al final de la década, no son las mismas personas que entraron a ese matrimonio a inicios de la década.

Así que descubres que ya no eres compatible con la otra persona, y la auténtica prueba de compatibilidad es cuánto se ríen juntos. Lo primero que desaparece en una relación son las risas. De hecho, el sexo es lo último que desaparece. Quizá estén entrando en el juzgado para divorciarse y, aun así, sigan durmiendo juntos, o al menos de vez en cuando. Lo último que desaparece es el sexo, pero lo primero es el humor.

Dejan de disfrutar de la mutua compañía. Hay largos periodos de silencio cuando están juntos. Ven la televisión.

A veces se ven parejas cenando fuera. Están ahí sentados, sin hablarse. Miran hacia otro lado. Revisan sus teléfonos. Se sientan a comer, se paran y se van.

La incompatibilidad es algo que simplemente ocurre. Llueve, sale el sol, crece el pasto y se da la incompatibilidad entre personas. Pero el asunto es que no hay culpables. No hay nadie a quien atribuir el error.

Ambas personas entran en la relación con la mejor de las intenciones. Pero como los seres humanos cambian, se vuelven personas distintas; descubren que ya no son compatibles. Si ése es el caso, respira profundo y di: "Mira, esto no está funcionando. No es que no me gustes; no es que yo no te guste. Tú no tienes la culpa. No cometiste ningún error. Nadie está mal en esta situación". Es el hecho de encontrar la falta o culpar a la otra persona lo que ocasiona toda la agitación en un acuerdo de divorcio.

Pero en cuanto se dan cuenta de que ambos lo intentaron al máximo, pero no están hechos el uno para el otro, significa que probablemente haya otra persona por ahí para ti. Cuanto antes terminen ese matrimonio y sigan con el resto de sus vidas, más pronto encontrarán un lugar donde ser felices. Ése es el planteamiento.

Justo tuve esta conversación hace poco con un querido amigo mío en Nueva York hace dos semanas. Tras pasar un divorcio, hay un periodo de unos seis meses de sanación. En promedio, se tardan seis meses en curar después de terminar una relación emocional. Así que tenlo en cuenta.

A veces se habla de relaciones rebote. La gente tiene este tipo de relaciones justo después de acabar con un matrimonio o una relación. Suelen ser turbulentas, inestables y todo eso, pero es casi como se vuelven a adaptar a la realidad. Al final de los seis meses vuelven a ser ellos mismos, y la vida sigue.

Así que lo que yo diría sobre el divorcio es que hay que recordar que nadie tiene la culpa. No hay que acusar a nadie. Simplemente se vuelven incompatibles, de la misma forma que llueve sin más. Es algo natural. Nadie tiene por qué resultar castigado por ello. Hagan sus vidas por separado. Minimícenlo.

Acudan a un abogado especializado en trabajar con parejas y en ayudarlas a llegar a una situación en la que resuelvan cómo dividir sus bienes y sus posesiones de manera amistosa, y todo eso. Lo hacen de forma caballerosa o, si lo prefieres, como adultos.

Lo segundo es la bancarrota. En la actualidad, es algo que ocurre con frecuencia. La mayoría de las personas más exitosas ha estado en quiebra. De hecho, casi todos los ricos han estado en esa situación, o casi, dos o tres veces. Henry Ford quebró dos veces antes de inventar el motor Ford para automóviles. Cuando cumplió los 60 se había convertido en el hombre más rico del mundo.

La bancarrota es dolorosa. Por eso, lo que hay que hacer, en primer lugar, es superarla. Superarla de la mejor manera posible, y recordar que la vida es muy larga. Nunca hagas ni digas nada en un acuerdo de divorcio o durante el proceso de quiebra con lo que quieras vivir durante años. No menciones palabras negativas a los demás.

A algunos amigos les he dicho: "Estás pasando por un divorcio; no digas nunca nada negativo de la otra persona. No se lo digas a tus hijos. Ni a tus amigos. Di siempre estas palabras: es una persona excelente, pero hemos descubierto que no estamos hechos el uno para el otro". Eso es lo único que vas a decir, aunque en tu interior estés enojado y decepcionado.

En el caso de la bancarrota, debes reconocer que tu reputación es lo más importante que tienes en la vida. Tu reputación sobre cómo manejas tu dinero es muy importante. Así que si estás en esa situación, trata a todo el mundo de la mejor forma posible.

No metas demandas. No acuses. No estés enojado. Simplemente tómatelo como un adulto. Es algo así como recibir una paliza. Es desafortunado. Hiciste todo lo que estuvo a tu alcance.

A lo mejor iniciaste un negocio cuando aún no tenías la suficiente experiencia. A lo mejor el mercado se desplomó bajo tus pies. Pero pasara lo que pasara, ya fue. Se acabó. Todo lo que importa ahora es cómo te comportas desde ese momento. Lo más importante en una bancarrota es preguntarse: "¿Qué aprendí de esto?"

Tengo un buen amigo que pasó por una bancarrota de su negocio a los veintitantos. Pasó dos o tres años armándolo. Trabajaba 16 horas al día. Tenía dos socios. Y el negocio fracasó.

Tuvo que mudarse a casa de su madre. Le costó seis meses de duelo, básicamente se pasó seis meses sentado sin hacer nada, viendo la televisión, antes de volver a ponerse en pie.

Sin embargo, durante ese tiempo hizo una de las cosas más inteligentes que he oído jamás. Consiguió un cuaderno en espiral y escribió las respuestas a estas preguntas: *¿Qué aprendí de esta experiencia empresarial? ¿Qué aprendí de la gente? ¿Qué aprendí de los clientes? ¿Qué aprendí de los socios? ¿Qué aprendí de* marketing? *¿Qué aprendí sobre el dinero? ¿Qué aprendí sobre los bancos? ¿Qué aprendí de los proveedores? ¿Qué aprendí sobre el crédito?* Y escribió cada una de las lecciones que había aprendido en cada una de esas categorías.

Las anotó todas. Le salieron unas 10 o 20 lecciones. Yo mismo hice eso después, cuando atravesé una mala situación en el negocio. Me senté a escribir todas las lecciones. Una vez que lo haces, tienes una probabilidad 10 veces menor de volver a tener los mismos problemas, porque al escribir las lecciones las programas en tu subconsciente.

Así, cuando ves otra situación parecida, tu subconsciente se activa. "¡Ding, ding, ding! Ya hemos pasado por esto." La ves, y haces preguntas, y puedes ahorrarte una fortuna.

Después de unos seis meses escribiendo todas estas lecciones y al darse cuenta de lo que había hecho bien y de qué haría de forma distinta, comenzó otro negocio. Pocos años después, era multimillonario.

Dijo: "Identificar todos los errores que cometí y me llevaron a la bancarrota me hizo rico. El negocio nunca habría tenido éxito a largo plazo, pero su fracaso me hizo rico".

Después está la pérdida de un trabajo. Bueno, una de las reglas es ésta: perder un trabajo es la forma que Dios tiene de decirte que estás en el puesto equivocado. Que te despidan es la forma que Dios tiene de decirte que ni siquiera deberías haber tenido ese trabajo. Así que cuando pierdes un trabajo deberías considerarlo una bendición.

Peter Drucker tiene una opinión interesante al respecto. Dijo que mantener a una persona en un trabajo en el que es incompetente es lo más cruel que se puede hacer, que si alguien no tiene futuro en un empleo, y ya lo decidiste, debes dejarlo ir enseguida. Déjalo libre para que pueda encontrar un trabajo para el que esté más capacitado.

Muchos gerentes creen que están siendo misericordiosos al mantener a una persona en un puesto en el que es obvio que es incompetente. Yo digo que no, que sencillamente están siendo cobardes. No están siendo misericordiosos; están siendo crueles e hirientes con esa persona. La están manteniendo alejada de la vida real, porque cuando al final acaba marchándose, lo que pasará inevitablemente, va a tener que comenzar de nuevo.

Lo más amable, cariñoso y dulce que se puede hacer por un empleado que no está funcionando es dejarlo libre para que pueda encontrar su lugar adecuado. Probablemente habré hablado con un millón de gerentes en todo el mundo durante todos estos años. Se les abren los ojos como platos cuando les cuento esto. Se dan cuenta y comentan: "Sí, la razón por la que he mantenido a esa persona es que no quería hacerle daño, ni tampoco a su familia".

Pero estás matándola. Le estás robando lo más importante del mundo, su vida, al mantenerla fuera del campo, sentada en la banca de un partido que nunca van a poder ganar.

Déjala libre. Deja que se vaya sin oponerte. Ayúdala. Dale tu apoyo. Indemnízala por el despido. Devuélvele todo, pero déjala libre.

A los gerentes les digo que lo más increíble que pasará es que esa persona acudirá a otra compañía, conseguirá otro trabajo y acabará siendo una superestrella. Tú dirás: "Despedí a ese tarado hace dos años, y mira, ahora es vicepresidente de una compañía de alta tecnología en crecimiento". Pues sí, pero no era adecuado para tu trabajo.

La cuarta área es la pérdida de una pareja o un hijo. Esto también es traumático. Es como un divorcio. Tardas seis meses en recuperarte de eso.

Lo más importante es que no hay que echarse la culpa de nada. No hay que decir: "Si hubiera hecho esto… o esto otro" o "debería haber pasado más tiempo con esa persona" y palabras así. No te castigues cuando alguien de tu familia muera, porque cuando eso ocurre, se acabó. No hay más.

Dale unos seis meses para recuperarte de eso. A mucha gente le lleva seis años. Otros nunca se recuperan. Sólo van por ahí con un manto de tristeza sobre su cabeza.

Eso no es para ti. Tú debes aceptar que pasó. Puedes rezar, si quieres. Sal a caminar. Tómate tiempo libre. Relájate. Lee un poco sobre espiritualidad. Y date tiempo para sanar.

Es como romperse alguna extremidad: lleva su tiempo para curarse. Pero las palabras más hermosas del español, las tres palabras que siempre son ciertas para todo el mundo en cualquier época y bajo cualquier circunstancia son "esto también pasará".

Sólo di eso. Esto también pasará. Es muy doloroso. Es hiriente. Es decepcionante. Piensas en todos los "y si…" Pero esto también pasará.

La última situación es un diagnóstico mortal, como un cáncer o una enfermedad cardiaca. Como sabes, en 2010 acudí a mi médico por un resfriado y escurrimiento nasal. Llevaba así varias semanas, así que pensé que necesitaría azitromicina o un montón de penicilina para hacerlo desaparecer. Entré y el médico lo analizó.

"Brian —me dijo—. Te daría azitromicina, pero no creo que tengas escurrimiento nasal ni una infección. Creo que tienes cáncer de garganta." Me quedé petrificado. Petrificado.

Pero claro, soy un orador profesional, un narrador. Cáncer de garganta. Me quedé conmocionado, y descubrí que todo aquel que recibe un diagnóstico de cáncer pasa por un periodo de conmoción, porque lo único en lo que pueden pensar es en la muerte. Irse marchitando y morir con muchísimo dolor por todo el material que hemos leído y escuchado.

Así que salí de ahí aturdido. Recuerdo que iba a entrevistar a dos posibles clientes esa semana por teléfono para dar charlas. Estaba tan nervioso y alterado que casi les gritaba en nuestras conversaciones telefónicas. Ambos dijeron: "No queremos a este tipo cerca de nuestra gente". Fue la primera vez que algo así me ocurría. Después pude ver que estaba muy descolocado por culpa del diagnóstico. Así que tenía que tranquilizarme.

Luego seguí mi propio consejo. Número uno: permanece en calma. Número dos: averigua los hechos. Comencé a investigar muchísimo. Llegué a leer más de 30 libros sobre cáncer. Me metía en los sitios web, leí todos los apartados de WebMD, todos los sitios de médicos y todo sobre mi tipo de cáncer. Reuní toda la información posible. Descubrí que tenía cáncer de tipo 1 en grado 1. Tenía un melanoma en la garganta.

El grado 4 significa que se acabó; será mejor que elijas las rosas para tu funeral. El grado 3 es la última oportunidad, así que hay que hacerlo. Yo tenía de grado 1 a 2.

Mis médicos se sentaron a explicarme las pautas del tratamiento. Me decían: "Primero haremos una biopsia para asegurarnos de que lo que tienes es cáncer y de qué se trata. En segundo lugar, haremos quimioterapia, que reducirá toda la zona con cáncer. En tercer lugar, haremos una cirugía para extirpar todas las partes cancerosas que queden y podamos encontrar. En cuarto lugar, tendrás radiación, que es una forma de matar todas las células cancerígenas invisibles que no aparezcan en la resonancia magnética.

"Es un proceso de seis meses. Algunas partes son bastante incómodas y dolorosas. Perderás el cabello. Tu garganta se quemará. Perderás la capacidad de tragar. No podrás saborear nada, pero si sigues este tratamiento, cuando terminen los seis meses, volverás a hablar."

Así que seguí el proceso del tratamiento. Seguía leyendo todo lo que podía. Leí sobre todos los procedimientos fantasmas que están en internet, ninguno aprobado o reconocido por investigaciones, y seguí las pautas que me habían indicado. Seis meses después estaba hablando frente a 800 personas en Singapur y todos se pusieron en pie a ovacionarme.

Así que si tienes una enfermedad mortal, confía en tus médicos. Éstos no están en esa profesión para ganar mucho dinero, como dirían algunos imbéciles: "Ah, encontraron una cura; sólo que la están manteniendo oculta para poder ganar más dinero". Yo descubrí que eso es totalmente falso. Sobre todo las personas que están en el sector del cáncer han dedicado su vida a salvar a la gente y aumentar su esperanza de vida.

Con las enfermedades cardiacas pasa lo mismo. En cada una de las grandes categorías, las personas dedicaron su vida a ayudar a sus pacientes a curarse y vivir más tiempo.

Así que confía en tus médicos. Haz lo que te digan. Relájate. Permanece tranquilo. Procura mantenerte informado. Obtén información.

Los buenos doctores dirán: "Acude a otro especialista, que te dé una segunda opinión. No aceptes lo que yo diga". Yo lo hice. Busqué segundas opiniones de uno de los mejores centros contra el cáncer de los Estados Unidos. Se pusieron en contacto conmigo y me dijeron: "Lo que te recomendó tu médico es justo lo que hay que hacer". Así que hay que relajarse y decir: "Tómame". Seis meses después, estaba dando charlas.

Así que lo esencial aquí es, de nuevo, permanecer en calma. Averiguar los hechos. Llevar a cabo todas las acciones posibles. Hacer ajustes.

Como dicen en la Marina: "Ajustarse, adaptar, responder". Siempre que tengas una emergencia, ajústate, adáptate y responde.

Lleva a cabo todas las acciones posibles, pero, sobre todo, permanece en calma.

## DAN

Brian, me gustaría preguntarte de nuevo que si hubiera una sola recomendación que tuvieras que decirle a la gente sobre qué hacer cuando la vida te lanza una bola curva, ¿cuál sería?

## BRIAN

Lo más importante es que hay que esperar tener contratiempos y dificultades durante la vida. Un tema que enseño —y que he estudiado exhaustivamente durante al menos 30 años— se llama anticipación a la crisis. En esta materia, hay que sentarse y preguntarse: "¿Cuáles son los peores posibles escenarios que se me pueden presentar en distintas partes de mi vida?" Utiliza la norma del 3%. Esta norma dice que si hay 3% de posibilidades de que ocurra, entonces deberás pensar en ello y hacer un plan por si sucede.

Piensa en tu salud: discapacidades, ceguera, ataque al corazón, pérdida de la voz, imposibilidad de caminar, imposibilidad de trabajar. Debes pensar en lo peor que te podría pasar y en qué harías si eso sucediera.

En primer lugar, debes organizar tus hábitos respecto a tu salud. Debes hacer todo lo posible que esté en tus manos, pero también es necesario poner en orden tu seguro, tus ahorros, tus indemnizaciones por discapacidad… con cualquier cosa, de forma que, si ocurre, no destrozará a tu familia. Debes planear con antelación. La marca de las personas superiores es la planificación por adelantado y la anticipación a las crisis.

En tu negocio, ¿qué es lo peor que podría pasar? Podría irse a la quiebra. Muy bien. ¿Cuál sería el primer paso que podrías dar ahora para asegurarte de estar protegido contra eso? ¿O si ocurriera un percance muy grave? Acumula reservas de efectivo. Es una de las situaciones que te cuentan en todos los libros sobre negocios. En cuanto empieza a crecer, pon toda la carne en el asador y acumula reservas de efectivo.

Espera que haya meses de drásticas bajadas. Espera que haya crisis o inconvenientes que ocurrirán. No te gastes todo tu dinero para acabar con una cuenta de banco vacía a la hora de enfrentar una crisis.

Si estás pensando en tu familia, ¿qué es lo peor que podría ocurrir? Adquiere un seguro. Compra sillas para carro para tus hijos pequeños, y que sean las mejores para que, en caso de que ocurra lo peor, de que el carro vuelque, tus hijos estén a salvo.

Teníamos un amigo cuya esposa estaba hablando por teléfono sin parar. Estuvo hablando durante media hora. Después, se dio la vuelta y comenzó a buscar a su hijo. Pero había dejado abierta la puerta al patio trasero, donde estaba la piscina.

Tenían una lona de plástico que cubría el jacuzzi, y el chiquitín, de dos años, salió y caminó alrededor de la piscina. Entonces se subió a la lona de plástico, lo absorbió el agua y no pudo moverse. Se ahogó en el fondo del jacuzzi.

Les destrozó la vida. Acabaron divorciándose, y años después siguen enojados el uno con el otro y con ellos mismos.

Yo nunca dejé solos a mis hijos hasta que tuvieron la edad suficiente para manejar. Poníamos pestillos altos para que nunca pudieran salir a la piscina. Ahora tenemos nietos, y tenemos cierres de seguridad, cierres para niños, por todas partes. Los niños no pueden meterse en nada ni tocar ningún objeto que suponga cualquier peligro.

¿Por qué? Con que vaya mal una sola vez puede causar un trauma absoluto. Por lo tanto, ¿qué es lo peor que podría ocurrir con tus hijos? Protégete de todo. Nunca confíes en la suerte.

Hay un viejo dicho que dice que la esperanza no es una estrategia. Desear no es una estrategia. Dejarlo todo a la suerte no es una estrategia. De hecho, es una fórmula para acabar en desastre.

Por lo tanto, protégete siempre contra lo peor que podría ocurrir. Piensa todo con antelación. Da los pasos necesarios antes de que suceda.

Vas a hacer un viaje. Tienes que estar ahí. Yo soy un orador profesional. Nunca hay que tomar el último vuelo para una charla que vas a dar al día siguiente, porque, ¿qué pasará si se cancela el vuelo o si hay una falla mecánica?

Puedes perderte toda la charla. Todo el tiempo que los organizadores emplearon en ella se perderá. Tú estás al otro lado del país, y no puedes llegar. Así que siempre es bueno tomar uno o dos vuelos antes del último.

Es mejor llegar siempre antes que llegar tarde. No hay que llegar demasiado justo. Es mejor ganar tiempo.

Los más inteligentes juegan en un tablero de ajedrez. Dicen: "¿Qué es lo peor que puede salir mal?, y si ocurriera, ¿cómo podría protegerme o minimizar el costo?"

# Capítulo 9

## Cómo motivar a los demás: los secretos del liderazgo de servicio

**DAN**

Brian, nos hemos centrado principalmente en cómo motivarnos a nosotros mismos y en cómo mantener esa motivación durante toda nuestra vida. Pero ahora nos centraremos en inspirar a otras personas, en especial en el trabajo o el negocio. ¿Cómo se motiva a la gente para que lo haga mejor? ¿Cómo se puede crear un entorno de motivación para esas personas?

Hemos estado diciendo todo el rato que la motivación es un trabajo interno. Entonces, puede sonar contradictorio eso de hablar de motivar a los demás, pero no hay duda de que a algunos líderes, capacitadores y padres les va mejor a la hora de lograr que los demás lo hagan bien y con entusiasmo. ¿Cuáles son algunas de las diferencias básicas entre los gerentes, líderes, capacitadores y padres con equipos muy motivados y de alto rendimiento y los que no los tienen?

## BRIAN

El deseo humano más común y más importante es ser feliz, tener la autoestima alta, sentirse confiado, seguro, bien consigo mismo y con lo que está haciendo. Antes hablamos de sentirse como un ganador. Los gerentes, directivos, líderes, capacitadores y maestros realmente excelentes logran que la gente se sienta ganadora. Y la forma de hacer que se sienta así es establecer una estructura que les permita ganar.

Un ejemplo perfecto: en un maratón, que son 42.195 kilómetros, tienen un medidor de kilómetros cada kilómetro para que, cuando estás corriendo, puedas verlo. Puedes llegar al siguiente medidor, y después al siguiente. La gente gana kilómetro a kilómetro. Si sólo tuvieran una línea de meta, y corrieras durante 42 kilómetros, tres horas, sin tener ni idea de lo cerca o lejos que están, la gente se desanimaría.

Había una historia muy famosa sobre Florence Chadwick, que fue la primera mujer en cruzar el Canal de la Mancha nadando. Nadó de Francia a Inglaterra, hasta los acantilados blancos de Dover, la parte más estrecha. La primera vez que lo intentó, nadó sin parar y se vino la niebla. Se vino la niebla y cubrió el agua, y aproximadamente a un kilómetro y medio de su objetivo, se rindió. Llevaba barcos de apoyo. Se dio por vencida e hizo que la subieran a uno de ellos.

Después, dijo: "Podría haberlo logrado si hubiera podido ver el otro lado. No me di cuenta de lo cerca que estaba, pero es que no podía ver el otro lado". Así que la siguiente vez que cruzó el canal a nado, se aseguraron de que el clima iba a estar despejado todo el día. Lo cruzó nadando y se convirtió en la nadadora más famosa de la historia. Hasta el día de hoy, su récord sigue invicto.

Bueno, pues la gente tiene que cruzar un canal nadando. Necesita ganar. Necesita tener éxito. Hicieron un estudio que consideran quizá como el más profundo en el tema de éxito de gerencia y empresarial que jamás se haya llevado a cabo. Ya se ha informado sobre él, pero no se ha plasmado por escrito. Cuando lo esté, se convertirá en uno de los libros sobre gerencia más populares de la historia.

Escogieron 22 mil negocios de 20 países, y emplearon a 150 investigadores en un plazo de 10 años, y los analizaron ante cualidades y características muy distintas para descubrir qué es lo que separaba las compañías más rentables de las menos rentables, los países más rentables de los menos rentables y las compañías más rentables dentro de una determinada industria, el 20% superior.

Descubrieron tres cosas. De hecho, tres más una. Lo primero fue que las compañías más exitosas tenían metas y objetivos muy claros en todos los niveles. Todo el mundo sabía exactamente cuál era su meta, qué se esperaba de ellos, los resultados que debían obtener para ayudar al éxito de la compañía. Y pasaban mucho tiempo hablando de sus metas, aclarándolas, para que todo el mundo lo supiera. En otras palabras, sabían dónde estaba la línea de meta.

Lo segundo fue que tenían medidas, estándares y puntos de referencia muy claros. Se medía cada trabajo, y cada parte de cualquier labor, y llevaba asociado un número, de forma que las personas siempre sabían lo cerca o lejos que estaban de lograr su objetivo… como el corredor del maratón.

El tercer factor eran los horarios y las fechas de entrega. Cada persona sabía exactamente lo que tenía que lograr y cómo se mediría, pero además cuándo se esperaba que se cumpliera. En otras palabras, las mejores compañías programaban a todos para que fueran ganadores.

Cada persona sabía qué tenía que hacer para ganar. Sabía exactamente lo que era, y lo hacía.

Dije que eran tres más uno. El cuarto eran recompensas muy elevadas a cambio de un rendimiento excelente, y a esto se le denomina cultura del rendimiento. Si una persona no sólo cumple, sino que sobrepasa las cuotas y estándares esperados, recibe una bonificación. Si hace un buen trabajo, consigue una gran bonificación.

Jack Welch se convirtió en presidente de General Electric y la dirigió por 20 años. Durante su mandato, pasó de unas ventas por cinco mil millones de dólares a 160 mil millones de dólares; se convirtió en una de las compañías más rentables y exitosas de la historia. Al poco tiempo de empezar en su cargo, instaló una cultura del rendimiento. En ella, un alto directivo que ganara 500 mil dólares al año por dirigir una de las principales áreas podía llegar a ganar una bonificación de 500 mil dólares o un millón de dólares al final del año si sobrepasaba las expectativas, si superaba los logros esperados. Así que todo el mundo en esa compañía, incluidos (y sobre todo) los mejores, resplandecía cada día para alcanzar esas cifras. Para superarlas.

Tenían cuatro niveles de desempeño. El primero era "promedio": que habían llevado a cabo su trabajo y todo el mundo estaba contento. El segundo nivel era "excelente": que habían hecho un trabajo de un nivel excelente y la gente lo había reconocido, y por eso se recibía una bonificación (más o menos de 10 o 20% de su salario). El tercer nivel que tenían era "increíble".

En ese nivel recibían el doble de su salario. Y por último estaba el "doblemente increíble", por el que triplicaban su salario.

Todo el mundo en esa compañía pensaba en alcanzar el "increíble" o el "doblemente increíble". Todos querían ganar, y ganar a lo grande. Esta compañía aparecía en los periódicos casi todos los días como una de las de crecimiento más rápido, más innovadoras y de mayor beneficio del sector, y todo se debía a que sus empleados tenían esa mentalidad de increíble o doblemente increíble.

Entonces, un auténtico gran líder estructura el trabajo para que la gente pueda ganar todo el tiempo. Cualquier trabajo, hasta el más mínimo, está muy claro y puede medirse, y tiene una fecha límite o una cronología asociadas.

Vamos con lo siguiente: en las Olimpiadas y en las grandes carreras han descubierto que los mejores récords mundiales se establecen frente a una gran cantidad de público. En otras palabras, no se trata sólo de correr y cruzar la línea de meta; se necesitan los ánimos de la multitud. Es decir, el directivo o el gerente se convierten en los animadores. Elogian, fomentan, recompensan y ensalzan el hecho de que la gente alcance sus objetivos. Aunque éstos sean pequeños, como dije antes, aunque simplemente hayan conseguido el primer contacto con quien toma las decisiones, lo que llevará a una venta en un plazo de siete meses, lo ensalzan.

El gerente se lleva al implicado a comer, lo comenta en la reunión de personal y dirige una ronda de aplausos. "Fulanito hizo esto la semana pasada, y fue bastante duro. Sabemos lo difíciles que están las cosas ahí fuera. Démosle todos un fuerte aplauso."

A todos les encanta aplaudir a sus colegas y, mientras lo hacen, piensan: "Quiero ser la persona que reciba los aplausos la próxima vez". Quien recibe los aplausos apenas se puede aguantar para llamar a casa y decirle a su cónyuge: "Oye, no vas a creer lo que me ocurrió hoy". Recuerdan esos aplausos, los elogios y los ánimos que recibieron de la compañía. Los recuerdan durante meses. Simplemente, brilla.

Así que piensas: "Bueno, esto es muy sencillo". Pues sí. Y lo hacen las mejores compañías y los mejores líderes. Éste es el punto de partida del liderazgo de servicio, del que hablaremos enseguida. Sirve para hacer que las personas se sientan importantes. Hacer que se sientan valiosas. Hacer que sientan que valen la pena. Hacer que sientan que están aportando una contribución esencial a la compañía. Esto viene de ti, de la forma en la que tratas a la gente.

Hace un par de años escribí un *bestseller* titulado *Full Engagement*. Se basaba en el hecho de que de 65 al 67% de los empleados en la actualidad no se siente totalmente comprometido con su compañía. De hecho, van mirando con el rabillo del ojo en busca de un mejor trabajo con otra compañía, si se llega a presentar. Escribí lo siguiente: "Esto es lo que haces para crear un ambiente en el que la gente se sienta totalmente comprometida, le encante venir a trabajar y odie irse de la oficina. Cuando se van, lo hacen acompañados de sus colegas del trabajo, y salen con ellos al bar o a un restaurante, y hablan de trabajo y del negocio". Están totalmente comprometidos. Esos negocios son dos o tres veces más productivos, dólar por dólar, que las compañías a las que la gente simplemente va a trabajar, hace su trabajo, se va a las cinco de la tarde y no piensa más en ello.

# DAN

Hablemos de la forma en la que los grandes líderes ayudan a los demás a motivarse al crear un ambiente en el que pueden florecer la motivación, la creatividad y el alto rendimiento. Hablemos específicamente de la cultura. Mi mamá era directora de una preparatoria con una gran cultura, que era única entre las preparatorias católicas de Chicago. Creo que ése es el secreto de cualquier gran organización: hay una cultura dinámica. No es algo que otra escuela u otra organización pueda importar al instante. Se tarda un rato en desarrollarla. ¿Cuáles son algunas de las bases para promover un entorno de compromiso total?

¿Qué es lo que la gente debería meter en el entorno que rodea a sus trabajadores, o sus hijos, que les permita brillar?

# BRIAN

Hace algunos años me invitaron a hablar ante una de las mayores compañías del mundo. Me comentaron: "Antes de que hables con nuestros gerentes, deberías saber cuál es su formación. Éste es el cuaderno de trabajo". Estaba numerado y categorizado como alto secreto. "Te vamos a dejar leerlo durante el fin de semana —me dijeron—, pero no puedes tomar notas ni fotocopiarlo o duplicarlo de ningún modo. Y tienes que regresarlo el lunes."

Así que me senté a leer este programa de gerencia. Tenía unas 300 páginas y me pasé el sábado y el domingo con él. Esta compañía se había extendido por todo el mundo y había estudiado a 120 equipos dentro de su operación mundial que habían logrado metas extraordinarias: reducir los costos de un producto altamente competitivo en el 80%; acelerar el tiempo de comercialización en seis meses en lugar de un año; aumentar drásticamente las ventas y la rentabilidad por un 300, 400 o 500%. Estas áreas eran ejemplares.

Contrataron a una compañía para que determinara los denominadores comunes de estos equipos ganadores y los reuniera en este programa exhaustivo, y así enseñar esta fórmula para el éxito a todos los nuevos directivos de la compañía. Quedé tan impresionado cuando leí eso que regresé y dije: "Me encantaría poder enseñar esto a mi público de las empresas". Me respondieron: "No, esto es alto secreto. Nos gastamos una fortuna para averiguar todo esto". Y lo les pregunté: "¿Qué podría hacer para conseguirlo?" Dijeron: "Puedes tratar de escribir una carta al presidente".

Así que escribí una carta al presidente de esta compañía, y recibí una respuesta dándome permiso para enseñar estas ideas. No todo el proceso, pero sí las ideas que eran esenciales para los líderes de empresas. Soy la única persona en el mundo a la que se le ha concedido permiso para enseñarlas.

Éstos son los cinco principios de este increíble proceso. El principio número uno eran los valores compartidos. Todo el mundo se sienta a hablar sobre la cultura. Una cultura siempre se basa en los valores que se tienen en común. Cuando se creó IBM, comenzó con tres valores básicos. Entonces, lo que tienes que hacer es plantearte cuáles son los valores de tu compañía. ¿En qué creen y qué representan? ¿En qué no cederemos? Los valores, como dijimos antes, pueden ser muy sencillos. Pueden ser cosas como honestidad e integridad, productos y servicios de calidad, excelente servicio al cliente, respeto por los demás, rentabilidad y todo eso.

En las mejores compañías de este estudio, descubrieron que se reunían, votaban y llegaban a un consenso sobre los tres o cinco valores centrales de su negocio. Decían: "Podremos cambiar los productos y servicios, los mercados o las ventas y los beneficios, pero nunca nos desviaremos de estos valores. ¿Están todos de acuerdo?" Y todo el mundo asentía. Así que eso es lo primero. Ése es el corazón, o el centro, de la cultura de un negocio.

Curiosamente, hay un programa en Estados Unidos llamado Malcolm Baldrige National Quality Award, que es el premio nacional a la calidad. Fue fundado por Malcolm Baldrige cuando era el secretario de Comercio durante el mandato de Ronald Reagan. Observó que en Japón había un Premio Deming especial, que se concedía a las compañías de mayor calidad del país nipón. W. Edwards Deming fue un estadounidense que predicaba la idea del control de calidad. Fue ignorado durante las décadas de los cincuenta y los sesenta, así que se fue a Japón a difundir ahí su idea. Transformó la economía japonesa, la convirtió en la tercera economía mundial. El mayor galardón que puede recibir una compañía en Japón es el Premio Deming.

En los años ochenta Baldrige dijo que deberíamos tener algo así en Estados Unidos. Por eso crearon el Premio Baldrige. Este galardón tiene un cuestionario de 30 o 40 páginas que hay que llenar. Se deben abonar 350 mil dólares para cubrir los costos de toda la investigación que llevará a cabo. Después, llegarán y se dispersarán por toda tu compañía. Hablarán con tus clientes, tus proveedores y tu personal en todos los niveles; hablarán con los directivos; hablarán con la gente de los mercados financieros, para comprobar si en verdad es una compañía de calidad excelente.

Una de las preguntas que hacen es: ¿cuáles son los valores centrales de este negocio? Y ésta es la norma: pueden preguntar a cualquier persona en cualquier nivel de la compañía, y ésta tiene que responder inmediatamente. Podrían entrevistar a un conserje o a alguien en el muelle de carga y preguntar: "¿Cuáles son los valores centrales de esta compañía?" El conserje debería poder pararse y decir: "Nuestros valores son la verdad, la integridad, un servicio de calidad y el respeto por las personas". Si le preguntan a cualquiera en la compañía y no se sabe los valores, rompen tu solicitud y se quedan con los 350 mil dólares, porque es obvio que no se trata de una compañía de calidad. Ése era el punto de partida.

Entonces, lo primero eran los valores compartidos. Lo segundo eran los objetivos y metas compartidos. Se reunían y todo el mundo hablaba, planificaba y acordaba sus metas y decidía cuáles eran, cómo se medirían, cuándo deberían cumplirse y qué se exigiría a cada uno para alcanzarlas.

Lo tercero eran los planes de acción compartidos. Todos acordarían quién haría qué, en qué momento y según qué normas y todos se comprometían a cumplir su responsabilidad. Todos acordaban que cumplirían sus responsabilidades y que todos sabrían lo que los demás hacían.

El cuarto paso era la revisión constante del rendimiento, tanto a nivel interno como externo. Se reunían unos con otros y se preguntaban: "¿Cómo estás? ¿Cómo va todo?" Siempre estaban abiertos. Decían: "No hiciste esto, y dijiste que lo tendrías listo". Todo se hacía abiertamente y sin reservas. Sin política ni grupitos. Si alguien decía que lo iba hacer, lo hacía.

El quinto se llamaba liderar con el ejemplo. El director del equipo era lo que se denominaba el líder tipo director de orquesta. No como un entrenador, que le grita a la gente para que pase el balón. No como el oficial militar, que da órdenes a sus subordinados. No como el profesor, que actúa de forma consensuada con sus pares. Los líderes dirigían la acción y se veían a sí mismos como facilitadores. Su trabajo consistía en hacer posible que todos los demás hicieran su trabajo. Les preguntaban: "¿Qué necesitas para hacer tu trabajo? ¿Necesitas más equipo, más gente o más recursos? ¿Necesitas tiempo? ¿Necesitas fondos para poder viajar?" El gerente se veía a sí mismo como el líder que hacía posible que los demás hicieran su trabajo.

He capacitado a compañías por todo el mundo con estos cinco principios, y es bastante sorprendente. Regresan y me dicen: "Hemos revolucionado nuestro negocio. Pensábamos que todo el mundo conocía los valores, pero cuando nos reuníamos, nadie lo tenía claro. Pensábamos que todo el mundo conocía nuestras metas y objetivos, pero cuando les pedíamos detalles, nadie los podía nombrar. Todos tenían versiones distintas".

Éste es un ejemplo que doy en mis cursos. Yo opino que hay una ley de tres en el mundo laboral. Esta ley dice que hay tres tareas que hacemos y que contribuyen al 90% de nuestro valor en el trabajo; todo lo demás está en el otro 10%. Por lo tanto, una de las grandes claves para el éxito es hacer las Tres grandes.

La forma en la que decides cuáles son las Tres grandes es preguntarte, si sólo pudieras hacer una cosa para tu negocio durante todo el día, ¿qué sería lo más importante que podrías hacer? ¿Cuál sería la mayor contribución? Hago que la gente piense en ello y lo escriba. Y después, digo: "Muy bien, ahora imaginen que sólo pudieran hacer dos cosas durante todo el día. ¿Cuál sería la segunda mayor contribución para dar valor a su empresa y a sí mismos?" Eso lleva un poco más de tiempo. Y después, les pregunto: "Si sólo pudieran hacer tres cosas durante todo el día, ¿cuál sería la tercera?"

Con este ejercicio, la gente tarda de 10 a 15 minutos en tenerlo claro. Les digo: "Ahora, lo siguiente que deben hacer es hablar con su jefe y sus colegas y asegurarse de que su idea coincide con la de ellos". Muchos gerentes regresarán y dirán: "Éstas son mis Tres grandes", y la gente a su alrededor dirá: "No, para nada. Ése no es tu trabajo; es éste". Tu jefe dirá, por ejemplo: "Lo más importante que deberías estar haciendo es reunirte con nuestros clientes principales con frecuencia, cara a cara, pero ni siquiera está en tu lista".

Así que deja claras tus Tres grandes. Y todo el mundo asentirá y estará de acuerdo con que es una idea genial. Después, les digo a los gerentes: "Ahora me gustaría invitarlos a jugar un juego conmigo, que se llama 'conserva tu trabajo'. Antes de que accedan a jugar conmigo, déjenme contarles las reglas, ¿sí?" Y les digo: "Éstas son las reglas. Les voy a pedir que escriban los nombres de las personas que se reportan ante ustedes (sus subordinados, su personal, su equipo…) y les voy a pedir que, junto a esos nombres, escriban las tres tareas más importantes que pueden hacer para contribuir notablemente a su trabajo. Las escriben todas y después me llevaré sus listas y los dejaré aquí sentados. Hablaré con sus empleados y les preguntaré cuáles son las tres tareas más importantes que hacen en su trabajo. Si sus respuestas y las de ustedes coinciden, ustedes podrán…"

## DAN

Conservar su trabajo.

## BRIAN

Conservar su trabajo. Y pregunto: "¿Alguien quiere jugar?" He hecho esto con decenas de miles de gerentes. Nunca me ha tocado nadie que levante la mano. Nadie quiere jugar si ésas son las reglas del juego. Pero lo más cruel que puedes hacer como gerente es dejar colgada a la gente y no saber las tres cosas más importantes que podían estar haciendo, y en orden. Lo más generoso, lo más amable y positivo que se puede hacer es tomarse el tiempo, todo el tiempo necesario, para asegurarse de que todo el mundo conoce las cosas más importantes que pueden hacer.

Les pido que hagan esto: "Cuando regresen, celebren una junta con el lema '¿Por qué estoy en nómina?' Hagan que todo el mundo escriba las tres cosas más importantes (sus actividades y responsabilidades principales). Debajo de eso, hagan que escriban sus tres responsabilidades secundarias, aquello que hacen después de terminar las Tres grandes. Luego, todo el mundo entra en una reunión con fotocopias para todos los demás. Al final, se hace una ronda en la que todos hablan del trabajo de los demás".

Así, Julie dice: "Bueno, creo que éstas son mis tres principales, y creo que éstas son las tres secundarias". Y todos miran esas listas, y hablan del trabajo de Julie y le dicen: "Sí" o "No, ése no es tu trabajo, es el mío". Descubren que hay un solapamiento cuando dos personas creen que la misma cosa es su trabajo. Hay lagunas ahí donde nadie cree que es su trabajo. Hay confusión cuando la gente cree que deberían estar haciendo dos trabajos totalmente distintos. Hay contradicción cuando, si haces un trabajo, no puedes hacer el otro.

Todo esto lo resuelves. La gente sale de la junta con las ideas clarísimas sobre sus Tres grandes y sus trabajos secundarios, y regresa al trabajo. Todo el negocio se transforma. Es como la electricidad. Después, decimos: "Muy bien, ¿cómo lo medimos y cuándo se entrega?" Y hacemos una ronda y lo acordamos, o a veces todo el mundo está confundido. Alguien dice: "No tenía ni idea de que tenía que acabar esto en una semana. No sabía que esto tenía fecha de entrega". Alguien más dice: "Pues claro que tenía fecha de entrega. Si no haces eso, todo lo demás se detiene en esta otra área".

Todo el mundo desarrolla nuestra palabra favorita: claridad, claridad, claridad. En cuanto todo el mundo lo tiene claro, están feliz y motivado, porque ya se le dijo que ésa es la forma de ganar. Ésa es la forma de ganar, y se puede ganar todos los días. Se puede ganar comenzando y terminando una tarea pequeña, comenzando y terminando una gran tarea, comenzando y terminando numerosas tareas. Reduce drásticamente la cantidad de comadreo y tiempo perdido y revisión del correo electrónico, porque no se consigue felicidad al revisar el correo, sino al terminar tareas.

El trabajo del jefe es asegurarse de que todos tengan los recursos que necesiten para hacer su trabajo, y después animar y aplaudir. Ser el animador de la compañía, dar vueltas por la oficina, diciendo lo buenos que son; dar la enhorabuena a la gente; decirle el buen trabajo que hizo y cuánto se le agradece. Esto eleva los estándares, pero también eleva la moral. Hace que la gente se emocione por ir a trabajar, porque pueden comenzar y terminar tareas.

Su autoestima sube, al igual que la confianza en sí mismos. Su cerebro libera endorfinas, se sienten felices y más creativos, son más agradables y positivos con los demás.

En mi compañía tenemos a 30 personas trabajando en mi publicidad. Entras y ves que todos están felices. Se ríen todo el tiempo. Bromean constantemente. Están sonriendo. Están ocupados. Son buenos amigos. No pierden el tiempo charlando, pero sí tienen reuniones en las que hablan entre ellos y comparten ideas. El espíritu en esa oficina es increíble, y están generando más ventas y más beneficios de lo que jamás soñaron.

## DAN

Brian, hay un tipo de liderazgo que se menciona en la Biblia y el Tao Te Ching. Se ha hecho famoso últimamente gracias a Robert K. Greenleaf. Es el liderazgo de servicio.

El líder del que estabas hablando me recuerda a este rol. El propósito es servir de ayuda a las mayores necesidades de sus empleados y liberar todo su potencial y energía ocultos, y no mantenerlos encerrados, y hacer que la gente de la organización crezca gracias a ello. De nuevo, estás sirviendo de facilitador.

Cuéntanos la diferencia entre el servidor y el esclavo. Es una diferencia clave. A veces servir a tus empleados significa que sus necesidades se satisfacen mejor al imponer una dirección con la que pueden no estar de acuerdo a corto plazo, aunque sea la que mejor se adapta a sus necesidades y a las de la organización.

Háblanos sobre esta distinción tan importante, para que la gente no crea que se trata de una situación en la que el líder es débil hasta el punto de que la gente va a lo suyo y no sigue instrucciones.

## BRIAN

Algunas personas tratan de funcionar basándose en la democracia y el consenso: "Llevémonos bien todos, seamos amigos". Les preocupa más agradar a sus colegas o a sus empleados que obtener resultados.

Cuando estudiaron decenas de miles de negocios, descubrieron que el mejor estilo de gerencia es aquel del que se denomina el dictador benevolente. Esta expresión surgió de años de trabajo de William Redding. Hace referencia a una persona que es muy clara sobre los resultados que quiere que todo el mundo alcance, pero que, aun así, es alguien agradable. Trata a la gente con respeto, siempre dice por favor y gracias, como dicen las madres que hay que hacer, pero tiene muy claro que el trabajo debe hacerse. "Éste es tu trabajo. Debe estar listo a esta hora, y te daré toda la ayuda y recursos posibles, pero es tu trabajo y debe hacerse."

Puede que alguien diga: "Tengo el partido de futbol de mi hijo y estaba planeando ir de compras, y quería comprar..." El dictador benevolente diría: "Muy bien. Puedes hacerlo después de trabajar, pero esto tiene que estar terminado a esta hora y con este nivel de calidad. ¿Te queda claro? Si tienes problemas con eso, lo comprendemos. Puedes irte a otra parte si tienes problemas con que el trabajo tenga que entregarse a tiempo".

Verás, cada vez que no se sigue una disciplina se acaba por no seguir otra. Cada debilidad a la hora de tratar con los empleados lleva a la desmoralización de todos los demás. Si uno está trabajando mucho para hacer un buen trabajo, pero se da cuenta de que alguien más puede estar vagueando por ahí, irse a partidos de futbol o de compras, entonces, dirá: "¿Para qué me estoy dejando la piel? ¿Por qué mejor no me recuesto y ya?"

Aquel al que dejas libre se vuelve cada vez más débil, porque sabe que nunca te pondrás firme con él. Los demás, que son buenos trabajadores, se motivan cada vez menos, porque saben que no supone ninguna diferencia. Puedes trabajar como un burro, y seguirás recibiendo las mismas recompensas que aquellos que no hacen nada.

En las mejores compañías todo el mundo sabe quién es el líder. Éste es el líder, y deja muy claro lo que hay que hacer y la forma en la que hay que hacerlo. Son simpáticos y comprensivos, y dan la enhorabuena y las gracias, y ayudan y todo lo demás, pero no ceden en la necesidad de terminar el trabajo y en que se haga correctamente.

Sólo entonces la gente puede sentirse ganadora. A veces hay que forzar a las personas a terminar sus tareas, o hay que apresurarlas o forzarlas, pero sólo entonces pueden hacer su contribución total a la compañía. Después se sienten maravillosas consigo mismas, se sienten felices, y se ríen.

Hicieron un estudio de decenas de miles de empleados y les preguntaron: "¿Quién es el mejor jefe para el que has trabajado?" La segunda pregunta fue: "¿Qué cualidades de esta persona la convertían en el mejor jefe para el que has trabajado?"

Salieron dos cualidades. Las dos C. La primera era la

claridad. "Siempre supe lo que mi jefe esperaba que yo hiciera. Nunca fue ambiguo. Siempre dejaba claro lo que había que hacer, cuándo y en qué orden." La segunda era la consideración. "Mi jefe siempre me trató como una persona, además de su empleado. Mi jefe siempre me preguntaba sobre mí y se preocupaba por mi bienestar y mi familia." Así que esas dos: claridad y consideración. Ser claro como el agua sobre lo que hay que hacer y, además, ser una persona simpática, servicial y comprensiva, que se preocupa por su personal.

## DAN

¿Hay algunos líderes reconocidos que tú creas que son buenos ejemplos de este tipo de dictador benevolente?

## BRIAN

Claro que sí. Directivos como Jack Welch. Decían que Andrew Grove era una de las personas más difíciles para las que trabajar en todo el sector. No se andaba por las ramas. Te decía directamente lo que pensaba. A las personas les gustaba trabajar para este hombre porque sacaba lo mejor de ellas. Sin tonterías. Te cortaba en pedacitos si no hacías tus deberes, tu investigación, si no terminabas tus tareas… y la gente decía que cada vez se volvía más competente y estaba más feliz de trabajar para Andrew Grove que en cualquier otro trabajo que había tenido jamás. Y decía: "Era todo un mundo trabajar para él".

Lo esencial es que lo programaba todo para que siempre ganaran. E insistía en que así lo hicieran. Los dirigía para que consiguieran resultados por encima de todo lo que habían hecho hasta ese momento, por lo que ganaban, y después los llenaba de elogios; les daba bonificaciones y todo lo demás.

Curiosamente, uno de los grandes líderes de la actualidad es Mark Zuckerberg de Facebook. Él tiene unos 32 años y es uno de los hombres más ricos del mundo. Una historia admirable. Mark tiene una proporción de 5 a 1 en preguntas y respuestas. Siempre está haciendo preguntas. No habla, no predica, no dice "haz esto" ni da lecciones, pero siempre está haciendo preguntas, y más te vale saber las respuestas. Te hace otra pregunta, y otra de seguimiento, y otra más. Ayuda a la gente a aclararse cada vez más sobre quién es, cuál es su trabajo y qué se espera que haga.

Actualmente, Zuckerberg está abriendo nuevos caminos en una gran variedad de campos distintos. Su increíble riqueza, la gran cantidad de dinero del que dispone Facebook, la ha invertido en nuevas iniciativas para ayudar a la gente a acelerar los procesos, a mejorar las comunicaciones, y está involucrando a cientos y miles de personas en ello. Y todo el mundo que trabaja en Facebook está increíblemente conectado, como los que trabajan en Apple, Microsoft o Google.

A Google la consideran constantemente como una de las mejores compañías para las que trabajar. No porque estén sentados todo el día sin hacer nada, sino porque todo el mundo está centrado en obtener resultados. Cuando se obtienen resultados, uno se siente genial. Cuando sse logran, los colegas lo respetan a uno, se reciben ascensos y aumenta el salario. Cuando uno dice: "Trabajo en Google", es uno de los mayores reconocimientos que se pueden tener, porque esta empresa tiene muy buen nivel. Si trabaja en Google, tiene que ser muy bueno (o en Apple, o cualquiera de esas compañías).

Entonces, los buenos jefes exigen mucho. Insisten en que la gente termine sus tareas a tiempo. La recompensan por ello; la elogian; le dan su aprobación; le dan tiempo libre y mesas de ping-pong y comida gratis, pero todo va unido a que termine su trabajo, para que pueda sentirse ganadora.

## DAN

Hoy en día vivimos en un mundo muy distinto al de hace 25 años, en lo que se refiere a la estructura del lugar de trabajo y las horas laborales. La gente tiene mucho más tiempo flexible o trabaja desde casa. Hay distintos tipos de lugares de trabajo. Has hablado de Google, en donde hay sofás y estaciones de trabajo muy abiertas que no funcionarían en otras compañías.

Se habla mucho de que a los *millennials* no les gustan los lugares de trabajo estructurados, tan populares durante la época de los *baby boomers*. Todo está cambiando mucho. ¿Crees que un líder debe ser flexible a la hora de armar las políticas y el ambiente del lugar de trabajo? ¿Acaso debería importar nada de eso? ¿O en el fondo, como dijiste, todo se trata de resultados? ¿Mientras haya resultados, no te preocupes de cómo esté decorado el escaparate?

## BRIAN

Actualmente, muchas compañías están dejando que sus empleados decidan su propio horario, pero se trata de compañías de gran confianza. Son compañías en las que la gente fue seleccionada con mucho cuidado, y han tenido una oportunidad de actuar. Y por eso mucha gente decide su propio horario. ¿Quieres venir temprano a trabajar? Algunos quieren entrar, por ejemplo, a las seis de la mañana e irse a las cuatro de la tarde, para ir por sus hijos. ¿Quieres trabajar tarde? ¿Quieres irte durante el día para resolver asuntos y regresar a trabajar hasta las ocho o nueve de la noche?

Pero ésta es la clave: sólo puedes hacerlo con los empleados de alta responsabilidad y, por cierto, aproximadamente 90% de tus empleados lo serán si los entrevistas y los eliges cuidadosamente. Hay un 10% al que sencillamente no puedes darle ese tipo de libertad, porque abusarían de ella. Así que te deshaces de ellos rápidamente.

Estaba hablando de mi compañía, de 30 personas. Si alguien no encaja y no tiene la actitud de alta responsabilidad —termina tu trabajo, cueste el tiempo que cueste, fines de semana o tardes, y todo eso—, líbrate de él inmediatamente, porque es como una manzana podrida. La norma es que todo el mundo lo sabe todo. Si tienes una manzana podrida, todo el mundo sabe que no está llevando su carga.

Por eso, las buenas empresas lo solucionan rápidamente. Decimos *contrata despacio, despide rápido*. Y, en lo que se refiere a los *millennials*, a la generación X y todo eso, quieren estar más implicados en su trabajo. ¿Qué significa esto? Sólo hay que retroceder a los Cinco principios.

El número uno son los valores compartidos. Todos saben lo que la organización representa y en qué cree, y se adhieren a los valores. Si no están de acuerdo de corazón con ideales como la honestidad, la integridad, el respeto por las personas, la calidad y el servicio, entonces están en el lugar equivocado. Y no sirve eso de "bueno, está bien, me apunto". O estás dentro, totalmente comprometido, o nada en absoluto.

El segundo son los objetivos y metas compartidos, de los que se habla. No son anunciados por un jefe, como en los viejos tiempos. Se sientan y dicen: "Miren, esto es lo que tenemos que hacer. Éste es el objetivo general. Éstas son las distintas partes en las que se divide el objetivo. ¿Cómo creen que deberíamos actuar para alcanzarlo?" Todo el mundo está totalmente comprometido.

Éste es uno de los grandes conceptos de gestión: la gente se compromete con el trabajo en la medida en que tiene la posibilidad de comentarlo. Si anuncias el trabajo y dices: "Por favor, hagan esto", su compromiso es muy bajo. Ni siquiera es su trabajo, es el tuyo. Te están ayudando. Si dices: "Hay que hacer este trabajo. ¿Cómo creen que deberíamos enfocarlo? ¿Qué sugieren que hagamos para lograrlo?", los involucras en una discusión. Cuando se alejan, les has pasado la propiedad del trabajo a ellos. Entonces asumirán la responsabilidad total para no decepcionarte.

El tercero es un plan de acción compartido. La gente siempre habla entre sí de lo que está haciendo y lo que hace en relación contigo, así que todos saben cuál es el trabajo de los demás, y están aclarando constantemente los solapamientos y las lagunas. Así, todo el mundo tiene claro su trabajo específico y cómo se medirá, y cuándo hay que tenerlo listo. Además, hay una evaluación constante de sus productos, sus servicios, la forma en la que trabajan juntos, los equipos, las reuniones. Constantemente están diciendo: "¿Cómo nos está yendo?"

Por último, los líderes dirigen la acción. Los líderes van por delante. Aceptan la responsabilidad de poner el ejemplo, de ser los modelos de conducta y de ayudar a los demás. Van de un lado a otro todo el tiempo, preguntando: "¿Cómo puedo ayudarte? ¿Necesitas algo? ¿Cómo va todo? ¿Crees que estás sobrecargado? ¿Necesitas ayuda para liberarte de algo de trabajo? A lo mejor te asignamos demasiadas tareas para tan poco tiempo". Están ahí constantemente, consintiendo la gestión de su personal para que todo el mundo esté contento. Todos se sienten parte de un gran equipo. Todos se sienten escuchados. Todos sienten que están participando.

Según el sitio web Great Place to Work (los mejores lugares para trabajar), las grandes compañías tienen dos cualidades importantes; la primera es la confianza. Hay un alto nivel de confianza en el lugar de trabajo. Todos confían los unos en los otros, y por eso son espontáneos, felices y comparten ideas. La segunda es que todos se sienten informados, que los mantienen constantemente al día. Saben todo lo que está pasando en el negocio. No hay secretos ni puertas cerradas. No hay grupitos. No hay asuntos confidenciales. Todo está abierto. Éstos son los dos aspectos más importantes que un gerente puede llevar a un lugar de trabajo para los empleados de cualquier nivel, pero en especial para los *millennials* y la generación X.

## DAN

¿Te gustaría decir algún comentario final sobre el liderazgo eficaz?

# BRIAN

Puede que lo más importante que he aprendido sobre liderazgo haya sido, de nuevo, de Drucker, y fue cuando le preguntaron si los líderes nacen o se hacen. Él respondió: "Puede que haya líderes que nazcan como tales, pero hay tan pocos que no suponen ninguna diferencia en el gran esquema de las cosas. Los líderes se hacen a sí mismos. Se hacen a sí mismos al trabajar en ellos, y todo el mundo puede desarrollarse para convertirse en un líder. Aquel que acepta la responsabilidad por los resultados. Si la aceptas por tus resultados, puedes volverte un líder sin seguidores. Pero si aceptas la responsabilidad por los resultados y obtienes los resultados de los que depende la gente, pronto tendrás a más personas trabajando contigo para ayudarte a obtener más resultados. Tu labor es volverte un signo de multiplicación para obtener unos resultados espectaculares. Después, cuando te den ayudantes para que trabajen contigo, obtendrás cada vez más resultados".

Como dije antes, hace muchos años trabajé para un hombre que comenzó en lo más bajo de una compañía internacional. Se volvió tan bueno trabajando con otras personas que le dieron un ayudante, y luego un segundo ayudante. Cuando trabajé con él, tenía un equipo de 10 mil personas a su cargo, y todos decían: "Es el mejor jefe que he tenido hasta la fecha".

# Capítulo 10

## Más allá de la motivación: el poder de los rituales para vivir una vida extraordinaria

### DAN

Brian, hemos llegado al final de nuestro viaje, y probablemente a una de las partes más importantes de nuestro programa. Hay algunos temas en los que una prueba de éxito es ser capaz de superar o dejar pasar ese mismo tema en algún momento.

Por ejemplo, creo que el rasgo de unos padres exitosos es que educan a unos hijos tan independientes, motivados y felices que estos últimos pueden dirigir su propia vida, de forma que el papel de los padres acaba siendo innecesario. Mientras que los padres no exitosos son aquellos que educan a hijos dependientes y sin motivación, que acaban dependiendo de ellos hasta bien entrada la edad adulta y perpetuando ese rol de padres.

También puede decirse que un buen médico de cuidado primario es aquel que educa e informa a sus pacientes para que cuiden ellos mismos de su salud para evitar problemas médicos graves en el futuro. En definitiva, les está ayudando a convertirse en su propio médico, en lugar de necesitar uno constantemente para sus miles de padecimientos.

Yo veo la motivación como un tema parecido. Un rasgo de una persona exitosa es que su vida está afinada en la medida en que está programada para tener éxito, de forma que al final la motivación constante día tras día es casi innecesaria. Esto se logra programando la vida con una serie de rituales o hábitos diarios que posibilitan el éxito con mucho menos esfuerzo. ¿Puedes hablarnos de cómo la creación de una serie de rituales o hábitos que fortalezcan nuestra vida puede hacer que la motivación no sea tanto problema?

## BRIAN

Sí. Cuando comencé a estudiar la gestión del tiempo, algunas personas me decían: "Si gestionas tu tiempo de forma demasiado estricta, te vuelves demasiado rígido, no eres flexible ni espontáneo, no eres agradable" y todo eso. Investigué esa idea con mucha atención, y descubrí que es exactamente lo contrario. Cuantos más aspectos puedas automatizar en tu vida, para que no tengas ni siquiera que pensar en hacerlos, más podrás liberar la mente para las actividades de mayor nivel. Cuantas más cosas sean automáticas, más podrás usar la mente para lograr una mayor cantidad de tus objetivos, de la misma forma que cuando te levantas por la mañana no dices: "¿Cómo le pongo la pasta a mi cepillo de dientes? ¿Cómo preparo los huevos?" No, haces eso sin pensar, lo que libera la mente para asuntos más importantes.

Las personas exitosas desarrollan rituales que les permiten rendir a un nivel mucho mayor. Ya les di mi pequeña fórmula para aumentar tus ingresos al 1 000%: 2% al mes, 25% al año, 10 veces en 10 años. Se trata de rituales que llevas a cabo en tu vida diaria. Ha habido miles de personas que regresaron conmigo y me dijeron: "En cuanto entras en el ritmo de madrugar, reescribir tus objetivos, estudiar y actualizar tus habilidades, planear tu día con antelación y todo eso, logras hacer muchas más actividades con tan poco estrés que estás deseando llevarlas a cabo. Se vuelve automático y sencillo".

Mi último libro trata sobre el poder del hábito. Es muy difícil desarrollar un hábito al principio, pero después es sencillo vivir con él. Es muy difícil lograr la disciplina necesaria una y otra vez, pero después se afianza y se vuelve automática. Simplemente, lo haces sin pensar.

Las personas exitosas tienen rituales para el éxito. En primer lugar, la hora de acostarse y de levantarse. Como dijimos antes, tu capacidad de descansar a fondo la mente, el cerebro y el cuerpo tiene un efecto increíble en tu día. Recuerda: eres una máquina pensante. Te pasas el día resolviendo problemas y tomando decisiones. Una gran idea es suficiente para hacerte rico. Una gran decisión puede transformar un negocio. Un problema resuelto puede permitirte progresar más en un par de años de lo que mucha gente avanza en muchos años.

Así que, lo primero de todo, ve temprano a la cama y levántate temprano. Ya lo decía Benjamin Franklin: "Quien temprano se acuesta y temprano se levanta será un hombre sano, rico y sabio". La única razón por la que no nos acostamos temprano es porque nos distraemos con la televisión, así que la regla es apagarla aproximadamente a las nueve de la noche, para que el cerebro pueda desconectarse, y acostarse a las 10 de la noche. En un estudio reciente descubrieron que los ricos ven menos de una hora de televisión al día, y que suelen ver programas pregrabados, para verlos en el horario que ellos decidan. Ver la televisión antes de dormir puede confundir la mente.

Otra cosa: deberías cenar tres horas antes de irte a la cama, porque así permites que el cuerpo haga la digestión y que puedas quedarte dormido. Si tomas alimentos más tarde, eso puede mantenerte despierto y hacer que duermas mal, de forma que estarás en la cama la misma cantidad de horas, pero te levantarás cansado, arrastrándote. Así que permanece alerta y celoso sobre tus horas de sueño: piénsalo, organízalo y deja de lado los demás asuntos.

Tengo un amigo muy exitoso. Cuando éramos jóvenes, salíamos a cenar a las ocho o nueve de la noche, comíamos y bebíamos hasta las 10 u 11 y nos íbamos a casa a medianoche. Actualmente él y su esposa cenan a las cinco o seis de la tarde y se acuestan a las ocho o nueve a más tardar. Se levantan a las cuatro o cinco de la mañana, se ponen a trabajar y su día laboral es tremendamente productivo. Si logras dormir ocho, nueve o incluso 10 horas por la noche, tu productividad al día siguiente aumenta muchísimo. Así que convierte en un ritual el acostarte y levantarte temprano.

Siempre abogo por hacer la noche antes una lista de todo lo que tienes que hacer al día siguiente. Repasa la lista, organízala y tenla presente. Una de las principales razones por las que no dormimos es porque nos quedamos despiertos dando vueltas en la cama, pensando en algo que tenemos que hacer al día siguiente y que se nos olvidó anotar. Cuando lo escribes todo, tu mente se despeja totalmente. Es casi como cuando borras una de esas pizarras blancas mágicas. Tienes la mente totalmente despejada, porque escribiste todo lo que tienes que hacer al día siguiente.

Escribir las cosas también aprovecha el poder de la mente. El subconsciente y el superconsciente trabajarán en esa lista toda la noche. Muchas veces, cuando te despiertas por la mañana, tienes una idea o imagen clarísimas de cómo resolver un problema o alcanzar un objetivo. Así que escríbelos la noche de antes, y durante toda la noche, la increíble computadora del subconsciente trabajará para darte ideas. Muchos de los grandes avances en la vida les ocurren a personas que se despertaron, a veces en mitad de la noche, con una idea que cambió su vida. Algunos de los grandes avances científicos ocurrieron así.

Por cierto, siempre es bueno tener una libreta y un lápiz o una pluma en la mesita de noche, por si te despiertas a mitad de la noche con una gran idea, para que puedas escribirla; porque si no lo haces, desaparecerá. Napoleon Hill tenía una regla: "Atrapa la idea y escríbela". Imagínate que la idea está volando por el aire como un cometa. Atrápala y escríbela. A veces esa idea cambiará tu vida.

Un segundo ritual que practico todos los días es hacer ejercicio al levantarme por las mañanas. Hace poco estuve hablando con un grupo de fisioterapeutas profesionales. No paraban de decir que si eres de los que hacen ejercicio por las mañanas, es mucho más probable que sigas haciéndolo, y tendrás muchas más probabilidades de obtener todos los beneficios del ejercicio. Si tomas la decisión de hacerlo más tarde, la posibilidad de poner excusas es mucho mayor. Estás cansado. Estás ocupado. Es tarde. Por eso, yo me levanto por las mañanas y hago ejercicio de 15 a 50 minutos. Como mínimo hago una serie completa de ejercicios de estiramiento, abdominales y rutinas básicas.

Por cierto, todos deberíamos hacer de 100 a 200 abdominales cada mañana. Ése es el único músculo que no se puede desgastar. La forma correcta de hacerlas —lo aprendí de un especialista en atletismo— es poner las manos detrás de la cabeza y subir las rodillas con los pies apoyados en el piso, y después alzar únicamente los hombros. No hay que subir más. No hay que hacer esas abdominales que practican en el ejército, en las que se tocan las rodillas con la cabeza. Todo lo que tienes que hacer es levantar los hombros del piso para que estiren los músculos, y puedes repetirlo unas 100 veces. Casi todo el mundo puede hacer eso 10, 20, 50 o 100 veces. Cuando ejercitas tu centro, fortaleces todo el cuerpo y tu postura, te sientes mejor y te duelen menos la espalda, las caderas, las rodillas o los hombros. Simplemente con ese poquito de ejercicio.

Mi ejercicio favorito consiste en acostarse en el piso bocarriba, con las plantas de los pies apoyadas en el suelo y las rodillas levantadas. Después, giras las piernas juntas y dobladas lo más lejos que puedas hacia un lado y la cabeza hacia el otro, y luego a la inversa. Hago 30 repeticiones, y después hago de 150 a 200 abdominales, y por último otras 30 repeticiones del primer ejercicio.

Con esto ejercitas completamente toda la columna vertebral, desde el cuello hasta el coxis. Estás girando toda la columna 60 veces al día. No es nada invasivo. No requiere fuerza muscular. Pero es una de las mejores garantías de que nunca tendrás problemas de espalda. En la actualidad, 50% de la población padece problemas de espalda a partir de los 40. Eso se debe a que no rotan su columna vertebral constantemente.

Además, hago ejercicios aeróbicos, que son absolutamente imprescindibles. Si los haces por la mañana, te sientes más brillante, más sagaz, más creativo y con más energía durante todo el día. Tengo una caminadora, una elíptica y una bici fija en casa. Además, hay una alberca enfrente, en el club de campo, de 22 metros de largo, así que puedes ir y nadar unos 160 metros, 400 o un kilómetro y medio.

Se necesitan de 200 a 300 minutos de ejercicio a la semana, y puedes planearlos de la misma forma que planificarías una reunión de negocios. "Hoy me levantaré por la mañana y haré esta tanda de ejercicios", y después puedes añadir algún ejercicio aeróbico. "Nado dos veces a la semana, 800 o mil 500 metros a la semana. Pongo la fecha y la hora y me levanto por las mañanas a nadar."

Con mi esposa bromeo y digo que me levanto a las 6:00 o 6:30 de la mañana, me agarro por el cuello, me llevo y me lanzo a la alberca antes de darme cuenta de lo que está pasando, y me pongo a dar brazadas sin pensar. Esto te mantiene activo todo el día.

Si practicas ejercicio con regularidad, comienzas a inyectar endorfinas, la "droga natural de la felicidad", en la sangre y el cerebro. Si consumes una droga muchas veces, al final acabas por crear una adicción. Y la mejor que se puede tener es a las endorfinas, porque sólo las consigues cuando haces algo que mejora tu vida. Cuando ríes, cuando amas, cuando lees algo que disfrutas, cuando escribes tus objetivos, cuando caminas y, sobre todo, cuando haces ejercicios aeróbicos, activas estas endorfinas y te sientes bien durante horas. Si haces esto repetidamente, enseguida te volverás adicto a levantarte por las mañanas y hacer ejercicio. Pronto tendrás que resistir la tentación de hacerlo, porque comenzarás a desear tener la sensación de lo bien que te sientes después.

Otro ritual para el éxito es meditar 15 minutos cada día. Para mí la meditación no es fácil, pero sí disfruto mucho con la lectura espiritual, la soledad y la contemplación de lo que estoy leyendo. Tú puedes hacer cualquiera de estas cuatro cosas. Puedes meditar si quieres. Pero éste es el peligro con la meditación: de 50 a 70% de quienes meditan simplemente se vuelven a dormir. Se levantan por la mañana, meditan y se vuelven a dormir. En Harvard le han hecho un seguimiento a ese asunto. "Estoy meditando." No, de eso nada. Sólo te volviste a dormir; dormiste 15 minutos más.

Pero si te levantas a hacer tus ejercicios, eso te estimula. Después, te pones a leer algo que sea educativo, motivacional o espiritual (con un capítulo de un libro bastará) y te sientas a leerlo y a reflexionar sobre cómo podrías aplicar eso en tu día. Hay una regla de un gran orador llamado Henry Drummond. Dijo: "La primera hora es el timón del día". Cualquier cosa que metas en tu mente durante la primera hora te prepara para el resto del día. Por eso debes evitar leer las noticias y toda la basura sobre violaciones, asesinatos y corrupción a primera hora de la mañana, porque eso te prepara para la negatividad.

Lee algo que sea positivo e inspirador durante los primeros 15 a 30 minutos de cada día, y después puedes hacer otra actividad. A mí me gusta empezar el día después de haber hecho ejercicio con una taza de café. Si combinas el café con la lectura de algo inspirador, subrayando —no leas nunca sin una pluma en la mano para poder subrayar—, y te levantas, es casi como si te hubieras tomado una pastilla espiritual. Te sientes feliz. Te sientes listo para superar el día. Y estás muchísimo más creativo.

Anota seis prioridades cada día. Mi consejo es que te compres un cuaderno en espiral; cuesta muy poco. Si no te lo puedes permitir, tu madre te dará el dinero, porque de todos modos quiere que ya te vayas de casa. Ábrelo y escribe la fecha y el lugar de hoy, y anota 10 objetivos, como dijimos antes, en presente. Puedes escribir más de 10, pero esa cifra es la mínima cada día.

Yo solía ofrecer un programa de capacitación en el que garantizaba que si te reunías conmigo un día cada tres meses y pasabas un día entero haciendo ejercicios conmigo sobre planificación, productividad, enfoque, concentración y todo eso, duplicarías tus ingresos y duplicarías tu tiempo libre en un año. Si no era así, te devolvía el dinero. No te cobraría el año. Nunca nadie me pidió un reembolso.

En mi programa de capacitación, siempre me adelantaba el primer día con una serie de ideas que garantizaban la duplicación de los ingresos de los asistentes. Primero pedía a todo el mundo que escribiera 10 objetivos. Después les entregaba un cuaderno en espiral y les decía: "Éste va a ser su nuevo mejor amigo. Durante los próximos 30 días voy a pedirles que hagan sólo esto. Ábranlo cada mañana y escriban 10 objetivos que no tengan nada que ver con lo que escribieron el día anterior. No van a copiar los 10 objetivos. Van a volver a comenzar con una página en blanco de memoria. Y va a ocurrir algo alucinante. Algunos de los objetivos que escribieron durante el primer ejercicio se caerán de la lista. Se olvidarán de reescribirlos, porque no son tan importantes. Otros objetivos subirán en la lista, y los escribirán con mayor claridad. Otros bajarán. Comenzarán a parafrasear los objetivos, elaborar otros nuevos y, de pronto, comenzarán a alcanzarlos".

Uno de mis estudiantes hizo este ejercicio conmigo un viernes, y el jueves de la semana siguiente había logrado cinco de sus 10 objetivos para el año. Dijo que no podía creerlo. Era como bajar la palanca de un detonador de dinamita. Todo explotó (los objetivos empresariales, los objetivos vitales, los objetivos familiares, los objetivos con amistades, los objetivos económicos). Todo comenzó a ocurrir a una velocidad increíble. Dijo: "Logré más en una semana con esos 10 objetivos escritos que lo que esperaba lograr en uno o dos años".

Así que hazlo. A mis estudiantes les digo: "Háganlo todos los días durante un mes. Lleva de tres a cinco minutos escribir sus 10 objetivos. Háganlo solo un mes y vean qué pasa". He conocido a numerosas personas que me dijeron que habían pagado decenas de miles de dólares por programas de capacitación, y que habían progresado más con esta única idea que con tres años de cursos, capacitaciones y clases.

Pruébalo. Toda tu vida comienza a cambiar. Desde ese momento, si funciona, hazlo cada mañana como un ritual: levántate, haz ejercicio, haz tu lectura espiritual, escribe tus 10 objetivos. Esa lista de 10 objetivos te prepara para el día. Activa tu subconsciente y tu superconsciente. Activa tu corteza reticular, que es el dispositivo de tu cerebro que se ocupa de que te empieces a dar cuenta de cosas que no habías notado antes. Si escribes: "Quiero manejar un Mercedes-Benz negro y plateado, de cuatro puertas, con tapicería de cuero y nuevecito", desde ese momento vas a ver Mercedes negros por todas partes, y vas a ver distintas cosas que puedes hacer para conseguir los fondos que necesitas para comprar el carro.

Otro ritual tiene que ver con el correo electrónico. No lo revises por las mañanas: como ya dijimos, ésta es una actividad para el postre. Así que resiste la tentación de levantarte por las mañanas y revisar tu correo electrónico. Hay personas que se han vuelto tan adictas al correo electrónico que se despiertan en mitad de la noche y revisan su correo. Incluso dejan prendido su celular, y entonces suena y las despierta (y, normalmente, también a la persona con la que están) durante toda la noche. No quieren perderse nada.

¿Por qué ocurre esto? Ya hemos hablado sobre la adicción. Con el correo electrónico, siempre que suena un ¡ding!, algo nuevo, inesperado, es como las maquinitas. Desencadena un golpe de dopamina en el cerebro. Es como un shock eléctrico, o un rayo lejano que atraviesa el cielo. Un poco de dopamina se dispara en tu cerebro, y es estimulante. La dopamina es el mismo estimulante que está en la cocaína y otras drogas perjudiciales, y te estimula, te hace estar alerta, te da energía, te hace ser curioso, te hace brincar, así que vas y revisas el correo inmediatamente.

Por eso la gente deja sus correos electrónicos abiertos y sus celulares encendidos todo el día. Siempre que se apagan, les da un sobresalto, y tienen que revisarlos. Si tienen pocos sobresaltos, envían correos electrónicos a sus amigos, quienes les responden, y así reciben un nuevo sobresalto. Por eso, lo que ocurre después de revisar tu primer correo por la mañana es que te vuelves adicto a la dopamina.

Respecto al alcoholismo, dicen: "Un trago es demasiado, y no hay cantidad suficiente". Si eres alcohólico, no puedes tomar ni un solo trago. Por eso tienen las reuniones de Alcohólicos Anónimos en las horas en las que se suele beber, a las siete de la noche. Se reúnen con su grupo y se quedan ahí durante dos o tres horas hablando, charlando, hasta que pasa la hora en la que se suele beber, la hora en la que se suele tomar una copa después del trabajo. Después, se van a casa y puede que estén bien. Pero si toman una copa, no dejan de beber hasta que pierden el conocimiento. Cualquier persona que tenga experiencia con alcohólicos lo sabe.

Pasa lo mismo con la dopamina. En cuanto se recibe el primer golpe de dopamina, no se puede dejar de revisar el correo durante todo el día. En la actualidad, un adulto revisa en promedio su correo electrónico 145 veces al día. Un estudiante universitario promedio revisa su correo y su Facebook 18 veces por hora. Suelen moverse mientras están enganchados a su celular, así que usan auriculares. Puede que los demás no lo oigan, pero ellos sí oyen cada ¡ding!, cada ¡bip!, cada tono. Tienen distintas notificaciones para cada persona, así que saben: "Ah, me llama Susan". "Uy, eso es una tarea." Reciben sobresaltos a cada rato. Por eso no pueden concentrarse.

La dopamina es la droga de la anticoncentración. Como dije antes, todos los éxitos en la vida provienen de terminar tareas. Todos los éxitos en la vida provienen de afrontar una tarea importante y concentrarse en ella únicamente hasta que está terminada. Si quieres ser rico y exitoso, comienza con tu tarea más importante cada mañana, y no te detengas hasta que esté terminada antes de hacer cualquier otra cosa. Si puedes lograr la disciplina suficiente para trabajar durante 90 minutos seguidos cada mañana, y después 90 minutos más, y terminar una tarea principal, toda tu vida cambiará. Adquirirás neuroplasticidad. Remodelarás y reformarás los canales del cerebro. Desarrollarás ideas completamente nuevas de actuar y pensar gracias a la repetición.

El gran avance en neurociencia de los últimos 10 años es que el cerebro es infinitamente plástico hasta la octava o novena década de vida. Si comienzas a alimentarte con información nueva, vas a desarrollar nuevos canales neuronales, y comienzas a pensar, a responder y a actuar de forma distinta. Puedes transformar tu vida haciendo tareas repetidamente. Pero si comienzas a revisar tu correo electrónico a primera hora de la mañana, cada vez se vuelve más fácil y menos resistible. No podrás dejar de revisar tu correo.

Los mejores gestores de tiempo —y también han hecho algunos estudios en Harvard al respecto— dicen que las carreras de muchos gerentes se están arruinando por su obsesión con los correos. Actualmente hay capacitadores y asesores que trabajan con los directivos de las empresas incluidas en la lista *Fortune 500* que se reúnen con ellos y les dicen: "Déjalo. No lo hagas. Guárdalo". Al principio son como los borrachos; no paran de tratar de mirar sus iPhones, casi espasmódicamente, o de revisar su correo. Apágalo, ciérralo, déjalo así. Una gran regla es la de Thomas Moore, el filósofo y autor de *El cuidado del alma*, que dice que hay que dejar los dispositivos apagados. Deja la televisión apagada. Deja la computadora apagada. Deja el iPhone apagado. Deja todo apagado y crea silencio.

Tim Ferriss escribió uno de los mejores libros que se han publicado. Se titula *La semana laboral de 4 horas*; cuando comenzó, trabajaba 14 horas al día, los siete días de la semana, revisando y respondiendo correos electrónicos. Al terminar, leía su correo una vez a la semana y había triplicado sus ingresos. Se toma tres o cuatro meses de vacaciones cada año, viaja por todo el mundo, ha aprendido temas nuevos e idiomas nuevos, nunca ha ganado más dinero en su vida y revisa su correo una vez a la semana.

Explica el proceso necesario para establecer un asistente virtual o un asistente ejecutivo. Él tiene una asistente virtual en Filipinas, y todos los correos le llegan a ella. Él tiene una lista de las preguntas más frecuentes, así que si la gente le escribe preguntando alguna de ésas, ella simplemente pega la respuesta. Si se trata de una emergencia, entonces se la envía a él, esté donde esté. Y él dijo que con el paso del tiempo cada vez ha habido menos emergencias —quizá una a la semana— que su asistente virtual no haya podido manejar. Está ganando más dinero que nunca en su vida, y revisa su correo una vez a la semana. Ponte a pensar en eso.

La gente dice: "Yo no puedo hacer eso". Pues mira, yo voy a volar mañana desde Los Ángeles a Frankfurt. Estaré en aviones durante 15 horas. No podré revisar mi correo electrónico durante 15 horas. ¿Y sabes una cosa? El mundo seguirá girando. No pasará nada. Todo estará bien.

Haz un desayuno nutritivo. Hay una expresión maravillosa que dice: "Quien bien empieza bien acaba". Las madres siempre dicen que el desayuno es la comida más importante del día, porque los alimentos que consumes por la mañana te dan la energía que necesitas para dirigir tu vida. Es casi como empezar un viaje con el tanque de gasolina vacío. Cuando te levantas por la mañana, tu tanque está vacío; tus niveles de glucosa son bajos. Así que tienes que llenar el tanque, y con qué lo llenes determinará en gran medida la calidad de tu día.

Hace algunos años un hombre llamado Barry Sears escribió un libro titulado *La zona*. Se convirtió en uno de los libros más vendidos sobre dietas de la historia, y transforma la vida. Decía que todos los alimentos que consumes son químicos. Y cada químico tiene efectos secundarios. Si te tomas una Coca-Cola o un Red Bull, o te comes un pan tostado, o tocino, todos tienen efectos secundarios. Así que es mejor comer alimentos perfectamente equilibrados para darte el mayor nivel de energía durante más tiempo. Son las proteínas. Por eso, por las mañanas es mejor comer huevos que pan tostado o bagels.

Una regla para el éxito es eliminar los tres venenos blancos: el azúcar, la harina y la sal. El estadounidense promedio consume aproximadamente de nueve a 13 kilos de azúcar en su dieta cada año, y no necesita ni un solo gramo. Toma azúcar en los dulces y en la Coca. Una lata de ese refresco, por cierto, tiene 12 cucharadas de azúcar. Tenemos una epidemia de obesidad porque la gente toma enormes vasos de refresco. Uno de esos enormes Slurpees puede llegar a tener casi una taza de azúcar. Y claro, éste se va acumulando. Por eso hay 36% de índice de obesidad en Estados Unidos en la actualidad. Somos los más gordos del mundo. De hecho, una expresión salió de Harvard: *Porcus americanus*. Cuando voy a Europa, comienzo a hablar de una dieta adecuada, pero no hay personas gordas entre el público. Y digo: "Creo que pasaré por alto este tema. Ustedes no necesitan escucharlo".

Comienza con una dieta rica en proteínas, que son los huevos y carbohidratos complejos o, lo que es lo mismo, frutas y verduras. Eso te dará la suficiente energía alimenticia para funcionar durante cinco horas seguidas. A la hora de la comida, consume ensaladas con proteína. No comas ensaladas con carbohidratos, nada de pan, pasteles, tartas, Coca-Colas nada más: ensalada con proteína. Puede ser ensalada con pescado, ensalada con filete, ensalada con pollo o, si eres vegetariano, con tofu. De esa forma tendrás cinco horas más de gran energía y nada de somnolencia vespertina.

La gente entra en depresión por la tarde. En los países del sur tienen la siesta. Duermen durante dos horas, porque comen grandes platos de pasta, frijoles o tortilla. Pero si sólo tomas proteína y carbohidratos complejos, frutas y verduras, para desayunar y comer, tendrás altos niveles de energía, tu índice glucémico será elevado y tu cerebro funcionará al máximo durante todo el día.

Si adoptas este hábito, producirás dos veces más que la persona que esté junto a ti y que regresa de comer con sueño, después de una comida pesada, y con el cerebro a medio gas o totalmente apagado. Actualmente, muchas compañías están implantando los cuartos de sueño, para que, cuando la gente regresa de la hora de la comida, pueda ir a dormir, porque de todos modos no es útil. Está demasiado cansada.

Acabamos de hablar de una dieta baja en carbohidratos. Barry Sears descubrió que si mezclas alimentos (un carbohidrato como el pan, la pasta, el arroz o incluso las papas con una proteína), el carbohidrato hace que el cuerpo libere alcalinos para descomponerlo, y la proteína hace que tu cuerpo libere ácidos para asimilarla. Así, tu comida con proteínas y carbohidratos hace que el cuerpo libere alcalinos y ácidos en el estómago para descomponerlos.

¿Y qué aprendimos en química de primero? Un ácido y un alcalino se neutralizan entre sí. Y el proceso de la digestión se detiene. El cuerpo entra en una especie de estado de emergencia y dice: tenemos que meter más sangre aquí, debemos comenzar a lanzar más sangre al estómago para que se pueda descomponer esta comida. Comienzas a eructar y te sientes hinchado, y la sangre deja de correr por tus músculos principales, las piernas y el tronco superior, y del cerebro. Comienzas a sentirte somnoliento y atontado.

Por eso se dice que nunca hay que ir a nadar hasta una hora después de comer. Es porque el proceso de la digestión les quita sangre a los músculos, por lo que te darán calambres y puedes incluso llegar a ahogarte. Por lo tanto, si simplemente te propones comer más proteínas y frutas y verduras frescas con disciplina, tendrás más energía durante todo el día. Así que conviértelo en un hábito.

Después, en el trabajo, concéntrate en tus fortalezas y delega tus debilidades. Algo que mencionamos antes es el concepto de las Tres grandes, la ley de tres. Recuerda: la ley de tres dice que hay tres actividades que haces que contribuyen al 90% de tu valor en tu trabajo. Una de las grandes claves para el éxito es hacer estas Tres grandes.

He colaborado con más de mil emprendedores durante siete años. Trabajaba con ellos de cerca y a nivel personal durante un día entero cada tres meses. Algunos regresaron dos o tres años. De nuevo, anticipaba mi programa. Estaba totalmente seguro de que la gente duplicaría sus ingresos y no me pediría reembolso. Hablamos sobre los 10 objetivos, y el otro asunto que anticipaba era esta idea de las Tres grandes, y los ayudaba a resolverlos.

Una vez vino un alto ejecutivo a este curso. Enseñé los objetivos y la ley de tres. Es un programa de un día entero, pero a las dos de la tarde se paró, tomó su maletín y salió de la sala. Yo fui detrás, lo alcancé y le pregunté: "Tom, ¿dónde vas?" Él me respondió: "Ya terminé". Le dije: "Te garantizo este programa incondicionalmente". Él dijo: "No, no voy a reclamar mi garantía. Mi dinero valió la pena. Dos conceptos para la vida, escribir mis objetivos, elegir el más importante y trabajar en él todo el día, y practicar la ley de tres. Duplicaré mis ingresos a finales de mes sólo con esos dos conceptos. No necesito escuchar nada más". Y lo hizo. Triplicó y cuadruplicó sus ingresos, y en los años siguientes se volvió millonario y se jubiló antes de tiempo, sólo por haberse establecido propósitos claros, tener un gran objetivo y concentrarse en las Tres grandes.

Así que cuando vayas a trabajar, concéntrate en las Tres grandes. Y pregúntate cuáles son tus fortalezas y tus debilidades. Las personas verdaderamente buenas tienen muchas más fortalezas que debilidades, así que una de las cosas más importantes que debes hacer es volverte cada vez mejor en tus Tres grandes.

De hecho, hay tres reglas para tus tareas de las Tres grandes. La primera es hacer menos cosas: deja de hacerlas. Como dijimos antes, no puedes tener tu vida bajo control, sino en la medida en que dejes de hacer cosas pequeñas. Hablamos de la tarea A frente a la tarea B. Deja de hacer la tarea B.

La segunda es hacer las Tres grandes más tiempo. Hazlas durante todo el día, y no hagas otra cosa hasta que hayas agotado todas las posibilidades, lo que probablemente nunca ocurrirá.

La tercera, una de las más grandes habilidades para el éxito de todas, es mejorar en tus tres tareas más importantes. Mejorar es el mejor modo de ahorrar tiempo. He trabajado con personas en el campo de las ventas, de la gestión, del liderazgo y de *marketing*. Las he ayudado a identificar las tres actividades más importantes que hacen, y después a elaborar un programa de aprendizaje para cada una de esas tres. Aumentaron literalmente sus ingresos 10 o 20 veces en los siguientes años al concentrarse en volverse realmente buenas en las cosas más importantes que hacen, porque lo único que se interpone entre uno mismo y los logros extraordinarios son las tareas adicionales. Decide estar entre el 10% de los mejores en cada una de estas tres áreas, y paga cualquier precio, recorre cualquier distancia o haz cualquier sacrificio para lograrlo.

Éste es un buen punto, por cierto. El doctor Anders Ericsson, de la Universidad de Florida, dedicó 25 años de investigaciones a lo que él llama rendimiento de élite, y su trabajo ha sido citado por mucha gente. A él se le ocurrió la idea de que se tardan siete mil horas en lograr un rendimiento de élite. Sin embargo, investigaciones posteriores demuestran que si tienes un talento o una capacidad naturales para una determinada habilidad o un determinado campo, puedes lograr el rendimiento de élite, es decir, estar entre el 5 o 10% de los mejores, en uno o dos años. No se tardan siete años si ya tienes un talento natural para ello.

Se fijaron en los ingresos y la movilidad socioeconómica, de las que habló Edward Banfield en Harvard. Preguntaron por qué algunas personas ganan muchísimo más que otras. Se fijaron en los altos ejecutivos de las empresas de *Fortune 500*. El año pasado, estas personas ganaron una media de 10.3 millones de dólares cada una. El director ejecutivo promedio gana 301 veces el salario medio de su compañía. Todos comenzaron al inicio de sus carreras en la misma línea de salida. Comenzaron corriendo, como en un maratón, y con el paso de los años algunos se pusieron muy, muy por delante en la carrera por los ingresos. La gran mayoría, 80% o más, se quedó en el medio, con unos ingresos medios, y un pequeño porcentaje se quedó atrás. Son los de la clase baja y los de la clase baja inferior. Simplemente no lo lograron, por la razón que fuera.

Después se fijaron en aquellos que iban muy por delante. Aplica la regla del 80/20. Algunos se metieron entre el 20% de los mejores, y estaban ganando más que las personas situadas entre el 80% inferior. Pero además está el 20% superior dentro de ese 20%, que constituye el 4% superior. Estas personas estaban ganando algo así como 32 veces la media de los que estaban entre el 80% inferior. Después, tomaron el 20% superior del 20% superior del 20% de los mejores, que supone el 0.4% superior, y ellas estaban ganando más de 50 veces la media de los que estaban entre el 80% inferior. Y todos comenzaron al principio, así que se preguntaron: ¿cómo lo lograron?

Revisaron los registros laborales de estas personas y sus revisiones de desempeño a lo largo de los años en distintas compañías y descubrieron la estrategia clave. Esta estrategia hace que todo el programa merezca la pena.

Cuando consiguieron su primer trabajo, estas personas eran jóvenes de 20 o 21 años y provenían de una buena universidad, de una mala universidad o de ninguna. Cuando consiguieron su primer trabajo acudieron a su jefe y le dijeron: "Me encantaría ser útil. ¿Cuál sería la habilidad que más me ayudaría a contribuir al máximo en este negocio?" El jefe les respondió: "Bueno, si fueras realmente bueno en esto, o en esto otro, eso aumentaría muchísimo tu valía. Eso nos resultaría muy útil".

Así que se decidieron por esa única habilidad, como un francotirador: un disparo, un muerto. Lo escribieron como un objetivo y dijeron: "Soy absolutamente excelente en esta habilidad en esta fecha". Hicieron una lista de todo lo que pensaban que podría ayudarles a aprender esa habilidad: los libros que podrían leer, los cursos que podrían tomar... Algunos pagaban lo necesario para viajar por el país y tomar estos cursos. Pedían días libres no remunerados, si sentían que eso les daría una ventaja al estudiar con un experto durante dos o tres días. Escuchaban programas de audio en su carro, mientras trabajaban, mientras caminaban. Veían algunos de los mejores programas en YouTube, en los que los expertos hablaban sobre sus temas. Algunas personas se levantaban cada mañana y veían una charla TED de alguno de los mayores expertos mundiales. Actualmente hay toda una serie de charlas TEDX, o sub-TED, que están disponibles también en YouTube. Eso supone 20 minutos de tu tiempo con un experto ofreciéndote sus mejores ideas sobre un tema importante.

Se concentraban en el aprendizaje de un único tema hasta que alguien decía: "¿Sabes? Eres realmente bueno en esto". Ésa era su señal para pasar al siguiente tema. Después, lo tomaban y seguían trabajando en él hasta que alguien les decía que eran buenos en eso. ¿Cuántas horas pasaban con eso? Descubrieron que la persona promedio pasaba dos horas durante cinco noches a la semana. Ésa también era mi historia. No me di cuenta de que las investigaciones lo apoyarían, pero cuando yo era joven y estaba soltero, nunca fui a bares. Me iba a casa a estudiar, leer y tomar notas, porque me encantaba aprender.

Hace un par de semanas fui a Sofía, Bulgaria, y dije: "Disculpen, es la primera vez que vengo a Bulgaria. ¿Cuántas horas tienen aquí en una semana?" Entre el público se hizo el silencio y después se echaron a reír. Dije: "Tienen 168 horas. ¿Podrían dedicar 10 de esas horas para convertirse en una de las personas mejor pagadas y con más éxito en su campo? Bueno, si la respuesta es afirmativa, está prácticamente garantizado". Y estos 500 directores ejecutivos usaron todos la misma estrategia. Aprendieron una habilidad clave tras otra, aunque les costara un mes, tres meses o un año, o incluso más tiempo. Se concentraban en una sola habilidad, y leían, hablaban y aceptaban consejos de la gente hasta que la dominaban.

Albert Einstein dijo que "el mayor poder del universo es la combinación". Es crecer exponencialmente, el porcentaje sobre el porcentaje sobre el porcentaje. En el aprendizaje de habilidades pasa lo mismo. Si aprendes una habilidad y después otra, te permite usar la primera aún mejor, y probablemente crea más oportunidades para que la uses. Si aprendes una tercera habilidad, esta multiplica las dos primeras. Si aprendes una cuarta y una quinta, comienzan a multiplicarse y a combinarse entre ellas. Si imaginas una pirámide invertida, comienzas en la parte de abajo por el pico inferior, y conforme vas aprendiendo comienza a extenderse y a expandirse, y estas personas muy pronto están ganando 10, 20 o 50 veces más que la persona promedio.

Todo el mundo puede hacer esto, empezando desde hoy. Cualquiera puede decir: "De hoy en adelante voy a dedicar dos horas al día a aprender nuevas habilidades". Puedes comenzar escuchando programas de audio en tu iPhone de camino al trabajo; puedes leer durante 30 o 60 minutos cada mañana antes de empezar el día; puedes ver videos de YouTube o charlas TED, puedes escuchar y ver documentales, o leer algo por las tardes. Simplemente conviértelo en un ritual: pasarás dos horas al día, cinco días a la semana. Eso garantizará prácticamente que te conviertas en una de las personas más exitosas de tu generación.

**DAN**

¿Y el último ritual?

**BRIAN**

El último ritual es darse cuenta de que no hay felicidad en las posesiones. No hay felicidad en el dinero, los carros ni los barcos. No hay felicidad en los honores ni los galardones, porque desaparecen en cuanto el aplauso se detiene y la sala se vacía, y tú te quedas ahí parado y solo. He impartido cursos en los que cinco mil personas se pararon para ovacionarme, esperaba y la gente enseguida se iba. Estás solo en un auditorio para cinco mil personas. Todos se olvidaron de ti y ya piensan en la cena.

Hay muy poca felicidad en los logros, salvo uno fugaz. El 80% de toda tu felicidad en la vida proviene de nuestras relaciones con otras personas. Proviene de nuestras interacciones. Proviene de hablar, vivir, reír y formar parte de su vida, y de ayudar a tus hijos a crecer, y verlos reír, y hacer algo por tu pareja.

Así que cuanto estás con tu familia, debes estar ahí todo el tiempo. Cuando estás en el trabajo, trabaja todo el tiempo que estés ahí, pero cuando estés con tu familia, será mejor que estés ahí. Estar ahí significa estar frente a frente, rodilla con rodilla, cara a cara, corazón con corazón. Significa que estás ahí y frente a ellos. Sólo estás con otra persona cuando se miran a los ojos, no cuando están en la sala, o tú estás en tu madriguera y ellos cocinando, o están todos viendo la televisión. Sólo si estás cara a cara con la otra persona estás realmente allí.

Lo más importante es hacer preguntas, no pontificar sobre lo que hiciste durante el día. Hazles preguntas sobre lo que hicieron y cómo les va la vida, y después escucha atentamente sus respuestas. Ésta es la forma más elevada de una relación: cuando te tomas tiempo para escuchar y hacer preguntas, y ser paciente con los demás. La única forma en la que puedes aumentar el valor de una relación es invirtiendo más tiempo en ella, y por más tiempo nos referimos a tiempo cara a cara, corazón con corazón. Apaga la televisión.

Tú y yo hablábamos antes de las cenas familiares. Hace muchos años hicieron algunos trabajos en Harvard, antes de que yo tuviera a mi primer hijo, y descubrieron que el carácter de un niño se forma gracias a las conversaciones en la mesa a la hora de la comida en familia. Es la única variable más importante que determina cómo será ese niño de adulto. Pensé: "¡Vaya!", y por eso he insistido con mis hijos en tener todos una cena familiar. Cuando eran más pequeños, teníamos cena familiar prácticamente cada vez que yo estaba en casa. Si estaba de viaje, tenían la cena familiar con mi esposa, y todos hablaban de lo que hicieron durante el día.

No dejes nunca que la televisión esté presente en una ocasión en familia, porque la vista de todos siempre se moverá hacia el mayor estímulo. Siempre es la televisión. Así que apágala. Si entras y los miembros de tu familia están ahí, o entran, apaga la televisión. Si estoy trabajando en algo y uno de los miembros de mi familia entra, desconecto. Lo dejo todo apagado. Dejo a un lado mi lectura y me concentro en ellos como si nunca fuera a volverlos a ver.

Gary Smalley fue un gran maestro. Era predicador y logró una de las primeras ventas exitosas de un producto por televisión; se trataba de relaciones. Contaba la siguiente historia:

"Imagínate que estás caminando por la calle y ves acercarse a alguien con quien fuiste a la escuela hace 10 o 20 años. Hace 10 o 20 años que no lo ves, y recuerdas inmediatamente todo lo que hicieron cuando fueron a la escuela. Era un gran amigo. Salían juntos e iban a fiestas".

La persona se acerca, y te ve. Tú dices: "Eres tú. Eres tú. Madre mía". Y lo abrazas y preguntas: "Oye, ¿cómo estás? ¿Qué estás haciendo? ¿Cómo te va la vida? ¿Trabajas? ¿Dónde vives?" Tienen una conversación increíblemente entusiasta e incluso quedan para verse después. Te alejas y piensas: "Vaya, eso fue increíble". Sonríes por haber visto a tu viejo amigo de la escuela. Entonces, llegas a casa, entras y preguntas: "¿Qué hay para cenar? ¿Dónde está el control de la tele?"

Gary Smalley dice lo siguiente: te encuentras con alguien al que no viste hace 20 años, y puede que no vuelvas a verlo en tu vida, y lo tratas como si fuera la persona más importante del mundo, cuando esas personas son las que están en casa. Así que cuando llegues a casa y veas a un miembro de tu familia, míralo y piensa para ti: "Eres tú. Ay, madre, eres tú". Te iluminas. Sonríes. Estás feliz. Lo abrazas. Y le dices cuánto lo amas. Le dices lo feliz que estás de verlo.

Aprendí eso hace 35 años, cuando tuve mi primer hijo, y lo he practicado con todos los miembros de mi familia desde entonces. Desde que mis hijos mayores se casaron, lo practico con sus parejas. Los abrazo y estoy feliz de verlos, y sonrío. En cuanto tuvieron hijos —tengo cinco nietos—, siempre que vienen los trato así: "Ay, madre mía, eres tú. Eres tú". Lo dejo todo.

Con que hagas este pequeño gesto —decirle a cada miembro de tu familia "ay, sí, eres tú" cada vez que vuelves a verlos— vas a tener una de las vidas más maravillosas que puedas llegar a imaginar. Y todo lo demás merecerá la pena.

## DAN

¡Vaya receta para una vida plena! Brian, hemos recorrido un largo trecho en este programa, y has condensado más valor en uno solo de lo que la mayoría de la gente logra en 10 programas. Pero en este cierre, de la mejor manera que puedas, me gustaría que resumieras lo que has tratado de lograr en este programa aparte de la motivación, y que dejes al lector algunos consejos para que siga adelante en su camino hacia una vida de éxitos, felicidad y realización.

## BRIAN

Suelo terminar mis cursos con lo que yo llamaría los secretos del éxito para el siglo xxi, y son tres o cuatro. El primero es que tu vida sólo mejora cuando tú mejoras, y no hay límites en cuanto a lo que puedes mejorar. El único límite es tu imaginación. Como tu imaginación es ilimitada, vas a mejorar sin parar toda tu vida.

Una de las mejores motivaciones, según todos los libros, artículos y estudios psicológicos actuales, es la sensación de mejorar. La gente va a una compañía porque cree que va a progresar más en su carrera y su vida en ese lugar. Se siente motivada en una compañía porque siente que está progresando, que está aprendiendo aptitudes nuevas, que está logrando cosas nuevas. Trabajará por menos dinero, porque está feliz, se siente cada día como ganadora. Cada vez que aprendes y aplicas algo nuevo, te sientes como un ganador. Te sientes feliz. Por eso el aprendizaje continuo es tan importante.

La segunda regla es que no importa de dónde vengas. Todo lo que importa es a dónde vas. Casi toda la infelicidad del mundo actualmente proviene de que la gente piensa y habla sobre asuntos del pasado que la hicieron enojar o infeliz, o la puso triste. Una de las grandes reglas de la vida es: nunca te preocupes por algo que no puedes cambiar. Tal y como sucede con un acontecimiento pasado. Sólo puedes aprender de ellos, aceptar la responsabilidad lo máximo posible y seguir adelante.

Descubrirás que los líderes, el 10% superior de los hombres y las mujeres de nuestra sociedad, están muy orientados al futuro. Piensan en el futuro la mayor parte del tiempo. Uno se convierte en lo que piensa. Los líderes piensan en el futuro. Piensan en hacia dónde van. Piensan en lo que quieren y cómo conseguirlo. Piensan en sus objetivos. El simple acto de pensar en algo en lo que quieres ser o hacer, o tener, te hace feliz. Te da energía, te vuelve más creativo, te hace más agradable y libera endorfinas a tu cerebro. Todo son aspectos buenos.

El tercer principio esencial es que puedes aprender todo lo que necesitas para lograr cualquier objetivo que puedas proponerte. Cuando me tropecé con este principio a los 23 años, yo era pobre, vivía en un cuartucho y mis zapatos tenían agujeros. No tenía dinero, futuro ni educación, ni tampoco experiencia. Me encontré con este principio y cambió mi vida para siempre: *puedo aprender lo que sea que necesite aprender.*

Desde entonces, he estado deseoso de aprender. Cuanto más lo haces, más puedes aprender. Cuanto más aprendes, más inteligente te vuelves, porque activas más células y neuronas.

Tú las activas; ellas se conectan con otras. Las células que se disparan juntas se conectan entre sí. Cuanto más dispares las células aprendiendo cosas nuevas, más conexiones crearás en tu cerebro, y te volverás cada vez más inteligente.

Normalmente, lo único que se interpone entre donde uno está hoy y dónde quiere estar es el desarrollo de una nueva habilidad. A veces le hago la siguiente pregunta a mi público: "Si lográramos conseguir una varita mágica, y de la noche a la mañana pudieran convertirse excelentes en una única habilidad, ¿cuál sería la más útil para duplicar sus ingresos?" Después hago que lo escriban y que hablen sobre ello. Cuando hablan de estos, toda la sala se vuelve loca. Todo el mundo se ríe y habla sin parar.

De regreso, les digo: "Déjenme decir dos cosas. La primera, lo mejor de todo es que todas las habilidades pueden aprenderse. Sea cual sea la habilidad que identifiquen como ayuda máxima para duplicar sus ingresos, puede aprenderse. Todo el mundo que tenga esa habilidad en la actualidad, hubo un tiempo en que no la tenía. La segunda, probablemente sólo les falte una habilidad para duplicar sus ingresos, y ahora ya saben cuál es. Así que escríbanla como un objetivo, hagan un plan, organícenlo, den el primer paso y trabajen en ello todos los días. No hay nada que pueda detenerlos de lograr la grandeza para la que fueron diseñados".

## DAN

Brian, he aprendido mucho. Me gustaría animar a todo el mundo a leer este libro más de una vez. Reléelo una y otra vez. La repetición es la madre de las habilidades. Te deseo todo lo mejor.

«Para viajar lejos no hay mejor nave que un libro».

Emily Dickinson

# Gracias por tu lectura de este libro.

En **penguinlibros.club** encontrarás las mejores recomendaciones de lectura.

Únete a nuestra comunidad y viaja con nosotros.

**penguinlibros.club**

 penguinlibros